Das letzte Mal, als ich Leo Spitz gesehen habe, waren wir drei sturzbesoffen auf der Beerdigung von Jean-Paul Sartre.

Spitz, Tschang und ich.
Aber weder Spitz noch Sartre, noch ich waren auf der Beerdigung von Tschang betrunken.

Nur ein Loch, eine Kiste, ein Adieu.

Hervé
Prudon

PULP

und der Mord für Geld

Deutsch von
Ronald Voullié

WUNDERLICH
TASCHENBUCH

Deutsche Erstausgabe
Veröffentlicht im Rowohlt Taschenbuch Verlag GmbH,
Reinbek bei Hamburg, Januar 2000

Redaktion Juliane Kraus
Umschlaggestaltung Tandem Design
(Illustration Miles Hyman © Baleine)
Innentypografie Karen Kollmetz & Daniel Sauthoff

Satz Stempel Schneidler PostScript (PageOne)
Gesamtherstellung Clausen & Bosse, Leck
Printed in Germany
ISBN 3 499 26219 3

«Jedem Tag genügt seine Nacht.»
Raymond Grandjean

Tschang

Der Mann, der zusammengesunken nicht weit von der Metrostation Marcel-Sembat in Boulogne-Billancourt saß und unter den reumütigen Blicken der vorbeieilenden Passanten ergeben den grauen Morgen erwartete, stank. Sui generis. Dieser fertige Mann, der einen Hund, vielleicht seinen eigenen, streichelte und flöhte, dieser einsame und verdreckte, etwa vierzigjährige Mann vor der Bäckerei am Metroeingang hieß Paul Mies, aber man nannte ihn nur Tschang. He, Tschang, laß uns einen trinken! Kein Held, sondern ein Opfer. Ein Sozialmärtyrer, unser notleidender Bruder. Die politische Verblödung hetzte die Menschen und Gesellschaftsschichten aufeinander. Ein Hahnenkampf, Titanenkampf. Die Krallen zeigen, und hoch den Kamm, das Kinn, die Kimme. Ellbogen, Spitzen, steile Kurven, Schnäbel, Vorsprünge, alles war bedrohlich, angespannt, erektil. Alles spitzte sich zu, schwoll an. Die Vollendung der Vertikalität ist der Zusammenbruch, und die Explosion bestraft die Aufgeblasenheit. Der Mensch ist ein Tier, das am Waldrand lebt; er ist weder ein Fisch in den Tiefen des Meeres noch ein Vogel in der Luft; er streift nicht über die Felder, und im Wald verirrt er sich. Aber am Ende des 20. Jahrhunderts hat der Mensch all das vergessen. Tschang fürchtete nichts, war weit jenseits jeder Furcht. Er hatte die Katastrophe, die ihr fürchtet, bereits hinter sich, euren Schrecken, den Schrecken eurer Kinder, die zusammengestrichene Rente, die Demütigung, das große Kotzen, Hautausschlag und Gesabber, das Nichts, den geistigen und körperlichen Verfall, die Hölle vor dem Tod. Und Rattenbisse und eine Triefnase und alles, was einem am Wendepunkt des Lebens droht, egal, ob man links oder rechts wählt, in die Kirche geht oder nicht, gut oder schlecht ist, ob man Arbeit hat oder nicht, ob man kriecherisch oder aufmüpfig ist, mutig oder feige. Denn ihr werdet geschlagen, verspottet, vergewaltigt, verarscht, vernichtet, verneint, zum Primitivsten reduziert, dort am Metroausgang, wo euer Bruder, euer Nachbar, eure Frau ihre Zähne verlieren, wo eure Tochter sich verkauft, euer Sohn mit Crack dealt, wo die Hunde euch von oben herab anpissen und ihr nichts mehr fürchtet. Alles wird euch und euren Kindern zustoßen, bis ins fünfte Glied, während die Familie Krug ihren Champagner seit fünf Generationen in kleinen Eichenfässern reifen läßt, wie es geschrieben steht. Tschang schützte sich, so gut es ging, vor der Kälte, dem Regen und dem Wind, der aus allen Richtungen zugleich kam. Er dachte, falls er noch denken konnte, daß dieser Tag ein Tag wie jeder andere sei, aber er täuschte sich. Er hatte sich schon immer getäuscht. Und an den Tagen, wo er sich nicht täuschte, hatte ihn seine Frau getäuscht. Er hatte keine Frau mehr. Dies war ein Tag mit und ein Tag ohne, ein Tag, der Gutes und weniger Gutes brachte. Ein Lächeln, eine Grimasse, ein Auflachen, eine Laune des Regens, einen Sonnenstrahl. Paul hatte Läuse, Flöhe, einen zerkratzten Hintern und einen tropfenden Schwanz. Es war früh am Morgen, er hatte in Pappkartons an der Porte de Saint-Cloud geschlafen. Dann war er an der Station Marcel-Sembat aufgetaucht, völlig baff. Denn der Wind hatte ihn verfolgt, wieder eingefangen, festgenagelt und am Ohr gezwickt. Ein ekelhafter Windstoß, der über den Platz gefegt war und vielleicht von der Seine kam, durch die Avenuen Morizet oder de la République, vielleicht auch über den Boulevard Jean-Jaurès und die Rue des Quatre Cheminées. Ein Wind mit vielen Fangarmen, wie ein von Krämpfen geschüttelter Krake, der seine Saugnäpfe um seinen Kopf wickelte. Brr. Eine kurze Windstille, aber dann bekam Tschang diesen eisigen Kraken voll in die Fresse, er packte ihn am Hintern, überall. Paul spürte den Geruch von gammeligem Kabeljau in der Hose und hatte den Geschmack von toter Ratte im Mund. Für seine drei Zahnstummel lohnte es sich nicht, Zahnpasta zu kaufen, und außerdem küßte er sowieso niemanden mehr, höchstens seinen Hund. Eine Brille hätte er auch gebraucht, er sah nichts oder fast nichts. Das war aber auch besser so, denn wenn er die Frauen, die Beine, Hintern, Lippen und Brüste der Passantinnen sehen könnte, würde er vielleicht sogar Lust auf Frauen bekommen, und all das, die Sexualität, lag weit außerhalb seiner Möglichkeiten. Er hob nicht einmal die Augen, sondern starrte auf seine Schuhe. Angeblich hockte William Burroughs zwei Jahre in seinem Zimmer in Tanger und starrte auf seine Schuhe. Tschang, der keinen Burroughs und keinen Ginsberg mehr las, glaubte in Boulogne-Billancourt besser dran zu sein, ohne Zimmer und ohne Socken.

PULP und der Mord für Geld

Die blöden Sprüche von Antoine Blondin

Die erste Überraschung der Tages kam gegen zehn Uhr, als die Sonne die Fußmatte der Bäckerei verließ und auf einen Typen fiel, der hundert Francs in die Schale gelegt hatte. Tschang fühlte sich aus Höflichkeit, Dankbarkeit oder Neugier gezwungen, hochzusehen. Der Typ war etwa fünfunddreißig, vierzig Jahre alt. Ein schöner Mantel mit Seehundkragen. Schuhe norwegischer Herkunft.

«Laß uns einen trinken, Paul, das wird uns aufwärmen.»

Paul erstarrte, mißtrauisch und feindselig. Solange er denken konnte, genauer, seit der Schulzeit, als er Maoist war, nannte ihn einfach jeder Tschang, und auf der Straße sowieso.

«Kennen wir uns?» furzte er.

«Glauben Sie?» versetzte der Mann lachend.

«Schon richtig», sagte Tschang, «wir sind nicht von derselben Straßenseite, benutzen nicht dasselbe Parfüm und scheißen nicht in denselben Topf. Ich hab schon den bitteren Kelch geschmeckt, ha, ha. Was wollen Sie?»

«Sprechen. Wie wär's mit der Brasserie da drüben?»

«Nein, dann müßten wir über die Straße gehen, und dazu hab ich keinen Bock. Wir gehen zu Moune und Jean-Claude, ein Stück weiter dahinten, Avenue Édouard-Vaillant. Sprechen wollen Sie? Ich hab nichts zu besprechen.»

Eine kleine graue Ganovenkneipe in einer öden Durchgangsstraße. Vier oder fünf Tische, zwei, drei Betrunkene, eine mürrische, verwarzte Wirtin und ihr Sohn, hinterlistige Visage, rotblond, koreanische Jeans, im Sägemehl verschlissene Latschen.

«Hier werden wir jedenfalls nicht über's Ohr gehauen», bemerkte der Mann großzügig. «Hier hat man Besseres zu tun. Wissen Sie, was Antoine Blondin gesagt hat? Wenn ich all das Geld, das ich in der Kneipe auf den Kopf gehauen habe, noch hätte, könnte ich heute ganz groß ausgehen.»

«Oberschlau, dieser Blödmann Blondin», sagte

Tschang, der schon lange nicht mehr las, weder Blondin noch Sagan. «Für solche Weisheiten brauchst du keinen wunden Arsch, rot wie ein Mandrill, keine schwarzen Zähne und keine gelben Augen. Ich bin nicht versichert. Ich laß mich über's Ohr hauen, wann ich will, danke.»

«Ich biete dir hundert Mille, Tschang. Fünfzigtausend jetzt. Und dasselbe morgen, insgesamt hunderttausend Francs. Damit bist du aus dem Gröbsten raus.» Der Mann legte eine Hand auf Pauls Schulter. «Verstehst du, zehn goldene Eier, das bringt dich wieder auf die Füße.»

«Nein. Meine Füße sind kaputt. Hunderttausend Eier, okay, ich nehme sie, aber ich bleibe so, wie ich bin. Es ist zu spät. Soll ich jemanden umlegen?»

«Genau.»

«Warum ich?»

«Du bist ein echter Anarchist, wenn ich so sagen darf, aus Berufung und aus Überzeugung, und es geht darum, einen Faschisten und Zuhälter aus der Welt zu schaffen. Einen Müllhaufen. Ist das nichts für dich?»

«Das ist mir scheißegal. Noch einen lieblichen Weißen, Jean-Claude.»

«Du hast nichts gegen Juden?»

«Warum?»

«Es ist ein Jude.»

«Scheißegal. Ich will einen lieblichen Weißen!»

Der Rotblonde stellte ein Glas süßen Weißwein auf die Kühltheke. Paul versenkte seine Lippen in der Flüssigkeit, ohne die Hände aus den Taschen zu nehmen. Das Glas war so voll, daß die Oberfläche der Flüssigkeit nach oben gewölbt war. Das sogenannte Meniskusphänomen, erklärte Paul schlürfend.

«Du Dreckskerl», fuhr er den Rotblonden an. «Du

machst das mit Absicht, um mich reinzulegen, weil ich wegen der Kälte so zittere. Du willst nur, daß ich das Zeug verschütte!»

«Ist nicht wahr», sagte der Rotblonde. «Der zittert nämlich nicht vor Kälte, müssen Sie wissen. Er macht nichts anderes als trinken. Echt schade, so ein Gehirn wie er.»

«Ich zittere jedenfalls nicht im Gehirn, falls du das meinst», sagte Tschang. «Und ich zittere nicht vor Angst. Weil mir nämlich nichts mehr passieren kann. Ich bin bereits tot. Am Ende angekommen. Abgesoffen. Eingefroren. Ausgewaidet nach allen Regeln der Kunst. Gib mir noch einen Weißen.»

«Das reicht», sagte der Auftraggeber. «Sei heute Nachmittag am Taxistand vor dem Kaufhaus Monoprix, Tschang. Dann hab ich das Geld, bar, und alle Einzelheiten für den Auftrag. Das Foto von unserem Kunden.»

«Der Auftrag», sagte Tschang grinsend. «Der Kunde. Sie verwenden Worthülsen. Sie sollten besser schweigen. Denn sehen Sie, Monsieur Seehundkragen, das Elend ist dasselbe wie in Kolumbien oder Afrika, die Mädchen gehen auf den Strich, die jungen Leute sind drogenabhängig, man tötet seinen Bruder oder seinen Vater für dreimal nichts. Was meinen Sie, in welchem Land der Tod am billigsten ist? Sie glauben, das ist sonstwo, aber es ist hier, direkt neben Ihnen, fast in Ihnen. Riechen Sie es nicht? Ist das Ihre Fäulnis oder meine? Alles ist kaputt, vom Arsch bis zu den Gehirnzellen. Die Leber, das Herz, die Lunge. Die Zähne. Ist dieser Pelzkragen aus Seehund oder Biber?»

«Versuch, wenn schon nicht nüchtern, zumindest funktionsfähig zu bleiben. Einsatzbereit. Okay? Ich erklär dir, wie du mit der Waffe umgehen mußt. Du setzt den Lauf der Knarre einfach auf das Herz des Kunden, drückst zweimal ab und verdrückst dich, niemand wird dich sehen.»

«Mich sieht nie jemand. Wer bist du?» fragte Tschang. «Kennen wir uns? Ich hab Löcher im Kopf, mein Gedächtnis läßt nach, wir müssen uns kennen. Bist du Doktor Jekyll und ich Mister Hyde? Kennen wir uns?»

«Ich kenne dich. Mit fünfzehn hast du zwischen Boxen und Dichtung geschwankt. Du hast den Mädchen gefallen. Du hattest einen harten Schlag und warst gut auf den Beinen. Du warst ein vielversprechendes Talent.»

«Falsch. Ich hab nie etwas versprochen. Die anderen haben sich etwas von mir versprochen, und dann haben sie mich ausgeknockt, immer wieder eins in die Fresse. Heute abend wird alles klargehen, Monsieur Seehundkragen.»

Nachdem der Auftraggeber die Getränke bezahlt hatte, verließ er das Café, und für einen kurzen Moment schien die Sonne herein.

Herr Kitzel

Ich hatte die Nacht bei Cheryl verbracht, und an diesem Morgen schien die Sonne.

Herr Kitzel in seinem kleinen Haus am Waldrand schlief noch. Herr Kitzel hatte Arme, die immer länger wurden, die sich ausstreckten, ausdehnten … Herr Kitzel hatte unglaublich lange Arme! Herr Kitzel schlief mit geballten Fäusten und träumte. Zweifellos von etwas sehr Lustigem, denn er lachte sehr laut.

«Tschang!»

«Was ist los? Was ist passiert?» fragte Cheryl, die

aus dem Schlaf hochschreckte, wie von einem Erdbeben erschüttert, während sie von Kitzeln, Streicheln, Kosen und Schmusen träumte. «Kannst du nicht leiser niesen?!»

Sie saß nackt auf dem Fell vor ihrem Bett und war wütend. Ein lüsterner plumper Bärenkopf schickte sich an, nach ihrem Schamhaar zu schnappen, das sie bonbonrosa gefärbt hatte. Cheryl war keine schlichte Coiffeuse, sie war innovativ.

«Ich habe nicht geniest», sagte ich, «ich hab geträumt. Ich hab von einem alten Schulfreund geträumt. Paul, genannt Tschang. Er war am Ertrinken, er rief nach mir, und ich wollte ihm meine Hand reichen. Aber meine Arme waren zu kurz, und er konnte meine Hand nicht packen. Meine Arme waren nicht lang genug, ich hatte nicht genügend Liebe, und er ist ertrunken, und er rief nach mir. Ich glaub', ich werd' alt, der Körper wird schlapp, das Herz trocknet aus. Ich habe keine Liebe mehr in mir und immer weniger Haß. Immer weniger Revolte und immer weniger Begeisterung. Und mein Schwanz wird auch nicht mehr so oft steif wie früher. Sieh dir das an. Ich habe keinen Wonderschwanz mehr.»

«Das ist doch ein Scheißtraum», sagte Cheryl, «ich hab geträumt, du bist Herr Kitzel. Das war geil. Die einzige Leidenschaft deines Lebens bestand darin, mich mit deinen acht Tentakeln zu kitzeln, die lüstern und fest waren wie kleine Zungen. Aber du redest nur, Gab. Du hast große Arme, große Beine, große Füße, große Hände und eine große Klappe, aber im Grunde hast du nur einen Schrumpfschwanz. Glaub den Worten einer Frau. Eine Frau spürt diese kleinen Nichtse sehr genau.»

«Kleine Nichtse?»

Cheryl erinnerte ein wenig an eine Nackttänzerin

oder Animierdame, sie redete wie eine Nutte oder ein Marktweib, dabei war sie ausgebildete Frisörmeisterin, zahlte ihre Sozialabgaben und hatte zwei Angestellte. Das eine erklärte das andere. In natura, mit Jeans und Stiefeln, irischem Pullover und Wollmütze auf den Felsen der Insel Groix, wirkte sie wie eine Tochter aus gutem Hause, eine Studentin von Jussieu oder Nanterre, frisch von einer Demo, oder dem Katalog «Der Campingfreund» entsprungen. Aber kaum nach Paris zurückgekehrt, beschmierte sie sich kunstvoll von oben bis unten mit Crèmes, Salben und Parfüms, klebte sich Skai auf den Hintern und die Häute von rosaroten Panthern, stylte ihren Body mit Bodys und einem Haufen Flitterkram. Und ich liebte es. Sie zögerte nicht, das Nutzlose mit dem Angenehmen zu verbinden.

Ich war aufgestanden und hatte den Bärenkopf plattgetreten. Ich half meiner Lady wieder auf die Beine und reichte ihr einen Bademantel.

«Ich hab vor kurzem einen Artikel in der *Straßenlaterne* gelesen. Das war echter Tschang-Stil, und ich kann durchaus einen Stil erkennen. Und er war mit Paul unterschrieben. Tschang heißt eigentlich Paul Mies.»

«Mies klingt mies.»

«Er ist obdachlos.»

«Und?»

«Und? Du bist ja gut, für dich ist alles normal, alle Katastrophen sind normal, Aids, Arbeitslosigkeit, Kapitalismus, Massaker, Hungersnöte, alles.»

«Alles außer dir. Du bist ein Irrtum der Natur, Gab, ich schwöre es dir. Sieh dich nur an, zu lange Arme, krumme Beine, eine zu große Nase. Man nennt dich Pulp, und das sagt alles. Ein Pulp ist ein Kopffüßler, er geht auf dem Kopf. Das heißt, du denkst mit den Füßen und bist nicht ganz bei Trost. Ich will deinen Obdachlosenkumpel nicht hier haben. Du sagst, du hast keine Liebe mehr, und blabla sonstwas. Mich liebst du nicht genug, aber alles, was verrotzt, schmierig, verlaust, verdreckt ist, das gesamte Elend dieser Welt liebst du wie der Feuerwehrmann das Feuer und die Fliege die Scheiße. Du willst gar nicht, daß die Sachen in Ordnung kommen. Du brauchst den Kampf und die Herausforderungen, um deine Tapferkeit und deinen Heldenmut zu beweisen. Das führt zu Sehstörungen und Gehirnverstopfung. Und du wirst zu einem kurzsichtigen alten Knacker, der allen auf den Wecker geht, mit seinem Ökokäse, mit seinen betrunkenen Kartenspielerkumpeln und seinen Westentaschenrevoluzzern, die sich in Hinterhöfen zur Musik von proletarischen Akkordeons und exilierten Bandoneons die Seele aus dem Leib schwafeln. Im Grunde bist du ein Scheißmacho, der nicht mal tanzen kann. Ein Klugschwätzer und Schläger. Du kannst nicht mal fünf Minuten stillsitzen. Ich stell mir vor, daß dein Pennerfreund stundenlang an einer Straßenecke sitzen kann, ohne auf jemanden zu warten. Er wartet auf nichts, und er sucht nichts, und er ist viel stärker als du.»

«Liest du heimlich Bücher über fernöstliche Mystik?»

«Glaubst du Dinosaurier etwa, daß Frauen keine Ahnung von Buddha haben? Los, hau ab, du kommst zu spät in die Kneipe!»

«Ja, ja, ich soll abhauen, weil deine Kundinnen auf dich warten. Ich sollte nicht mit so einer wie dir schlafen. Eine Shampooneuse, eine Frisöse, eine Schönfärberin, die mit Haaren dealt, Perücken verscherbelt und falsche Blondinen fabriziert. Aber leider bist du meine dauergewellte Dauergeliebte, meine immanente Angebetete, meine zärtliche Haarspalterin, meine Dalila vom Boulevard des Lilas.»

«Zieh ich nun einen schwarzen oder einen weißen Slip an?»

Die Beerdigung von Madame Kabeljau

Kurz vor dem Beginn des Winters hatte ich mit der Post ein mysteriöses Paket bekommen. Ich hatte schon eine Sekte in Verdacht, mir irgendeinen Köder unter die Nüstern zu reiben. Es handelte sich um ein Buch mit rotem Einband von einer Amerika-und-Orient-Buchhandlung. Und ich hatte mir in den Kopf gesetzt, es zu lesen, weil es vom Weg des Jetsun Milarepa berichtete, einem tibetanischen Mönch aus dem 11. Jahrhundert, dessen Leben außerordentlich beispielhaft war und von dem es hieß, er habe auf alles verzichtet, sogar auf den Verzicht, und er habe sich von allem gelöst, sogar vom Lösen. Ich dachte, daß die Lektüre des Lebens von Jetsun Milarepa mir nur guttun könnte, da ich mir das ganze Jahr auf meinen Schlachtrössern den Hintern wund scheuerte. Und wenn ein Lappländer sich erkältete, mußte ich niesen, wenn ein Flugzeug abstürzte, brach ich unverzüglich auf, um nach den Opfern zu suchen. Ich war so etwas wie ein Lawinenhund, ein bescheuerter Bernhardiner mit dem obligaten Rumfäßchen. Cheryl hatte mir mal wieder gehörig den Kopf gewaschen. Im Gehen las ich also die ersten Zeilen aus dem Leben von Jetsun Milarepa und beruhigte meine Atmung. Und ich träumte davon, einer der Glücklichsten zu sein, denen das Leben geschenkt war. Ich würde Marpa, den Übersetzer von Lhobrak, treffen und von ihm die Lehre hören, die es erlaubt, innerhalb eines Lebens den Zustand von Buddha zu erreichen. Und auf alle weltlichen Gedanken verzichtend, würde ich mein Leben in echter Askese und Andacht verbringen, unter Einsiedlern, weit ab von den Behausungen der Menschen. Indem ich auf die trivialen Freuden des guten Lebens, auf Zierat und Eitelkeit verzichtete, würde ich den Feind der Unwissenheit in diesem Leben besiegen. Unter allen Menschen auf der Erde wäre ich einer der Mutigsten, mit den edelsten Bestrebungen. So folgte ich humpelnd den Schritten von Milarepa, wenn auch mit einer gewissen Verwunderung und einigen Zweifeln, was meinen Mut betraf. Dieser wertlose Mut, mein nichtiges Heldentum bestand bislang darin, den aufgeblasenen Zorro zu spielen, mit samtigem Auge und schwellendem Trizeps, mit Reißzähnen und einem Mammutpimmel. Mir wurde bewußt, daß ich nur schwerlich ein Typ wie Milarepa war, dessen Körper friedfertig war, dessen Worte und Gedanken ruhig waren und der seine Leidenschaft fest im Zaum hielt, da er allen weltlichen Begierden entsagt hatte. Denn ich war wild darauf zu rauchen, und ich hatte meine Kippen bei einer prosaischen Frisörin vergessen, die sich den Hintern mit süßem Mandelöl einrieb. Und ich sagte mir, daß mein Geist keineswegs friedfertig war, wenn Tschang mich heimsuchte wie ein chinesisches Gespenst im deprimierenden grauen Dunst der vertrauten Straßen. Denn es war der verdammte Tschang, der mir das Buch von Milarepa geschickt hatte. Wahrscheinlich als Ermutigung zu Weisheit und Verzicht. Vorne stand folgende Widmung: «An Gabriel Le Couvreur von Tschang Le Découvert». An den Entdecker vom Entdeckten. Verdammte Scheiße, das war ein Hilferuf. Und ich hatte nichts kapiert. Ich war so schwer von Begriff. Echt ein schwerer Junge, großzügig und hilfsbereit, manchmal sogar nützlich.

Aber eben etwas schwerfällig. Im Pied de Porc à la Sainte-Scolasse, niemand. Sie kennen dieses Lokal im 11. Arrondissement. Dort wird alles mögliche kultiviert: Binsenweisheiten, Altruismus, Schweinereien, Infarkte, Zirrhose, Alkoholismus, Nikotin, Tripper, Lungenkrebs und Kröpfe. Jeden Tag sagte ich mir, daß ich da keinen Fuß mehr reinsetzen würde, aber meine Füße trugen mich von ganz allein dorthin. Ganz allein, das war wörtlich zu nehmen. Keine Gäste, kein Wirt, keine Wirtin. Ich hatte die Tür aufgestoßen, die versammelte Belegschaft gegrüßt, aber da war keine Belegschaft. Ich schnappte mir den *Parisien* von der Theke und hockte mich hin. Es war neun Uhr. Daß einige Stammgäste auf der Arbeit waren, na gut, es gab noch Arbeit. Aber die anderen, die Rentner, die Arbeitslosen, die Hausmütter, die Müßiggänger, die Freigestellten, die Arbeitsunfähigen, die Arbeitsscheuen, die Phlegmatiker und Unzurechnungsfähigen, wo waren die? In der Küche, niemand, und im Keller, nichts. Ich rief, sang, betete, vergeblich. Ich ging hinter die Theke, um mir eine Schachtel Gitanes zu holen, und wühlte bei der Gelegenheit in einem Stapel Zeitungen. Nein, nein, nein, ja. Ich zog eine alte Nummer der *Straßenlaterne* heraus und fand den Artikel wieder, der mich interessierte. Ein gewisser Paul schwor hier jeder Revolte ab und wollte nichts anderes mehr als heiße Klamotten, heißen Wein, ein heißes Essen, eine heiße Peepshow und eine heiße Braut. Er sagte, daß das 21. Jahrhundert vielleicht spirituell sein würde, aber man solle erst mal das Jahr 2000 abwarten. Die Unterschrift lautete Paul Le Découvreur. Ich überlegte, daß ich mit der Redaktion der *Straßenlaterne* Kontakt aufnehmen könnte, um Paul zu finden. Und was dann?

Ihm ein warmes Essen, Glühwein, eine Zigarette, einen kleinen Joint anbieten und von den guten alten Zeiten reden? Von den Demos, den 70er Jahren, den Spontis, den Punks, der Penne, dem Shit und den Mädchen? Ihn Cheryls Freundinnen vorstellen? Und danach geht jeder wieder seiner Wege, mein Alter?

«Drück dir selber dein Beileid aus», sagte Gérard, als er griesgrämig seine Wampe hinter die Theke schob. «Madame Kabeljau ist tot. Ich komme gerade von der Beerdigung.»

Der Wirt hatte seinen Sonntagsanzug hervorgekramt, schwarze Krawatte und ein fast weißes Hemd. Seitdem er nicht mehr rauchte, hatte Gérard eine orientalische Lässigkeit angenommen, die ihn auf seine Hemdbrust niesen ließ. Ziemlich ekelhaft. Bald füllte sich die Kneipe mit den Spitzen der Trauergesellschaft.

«Scheiße», sagte ich und legte ihm seinen *Parisien* auf die Theke.

«Steht was von Madame Kabeljau drin? Das war vielleicht eine Gestalt», meinte Gérard. «Sie nahm kein Blatt vor den Mund. Die hatte ihren eigenen Kopf.»

«Nein», sagte ich, «ein Freund von mir, Tschang, ist tot.»

In diesem Moment ist irgend etwas in mir zerbrochen, eine Feder, ich wollte nichts mehr mit den allgemein üblichen Bildern, Symboliken und Trauerformeln zu tun haben.

«Tschang? Und nichts über Madame Kabeljau? Keinerlei Notiz, nicht die kleinste Meldung?»

«Tschang hat sich in einem Hotelzimmer in Boulogne erschossen. Man hat 500-Franc-Scheine im Zimmer gefunden, und Spermaspuren an den Wänden. Unklar ist, woher er das Geld hatte. Der Zimmerkellner hat nackte Frauen gesehen. Es gab Champagner und Appetithäppchen, Reste von einem Festgelage. Die Badewanne war mit Champagner gefüllt. Tschang trug neue Designerklamotten und seidene Unterwäsche. Aber in einer Tasche hat man schäbige, verdreckte Klamotten und unbenutzte Präservative gefunden. Weißt du, Gérard, ich glaube, er hat einen Haufen Knete gefunden und wollte in Schönheit sterben. Oder zumindest in einer angenehmen, wollüstigen Umgebung.»

«Er hätte sich die Pulsadern in der Badewanne aufschneiden können. Oder Harakiri machen oder wie Madame Kabeljau auf einem Haufen Hundescheiße ausrutschen.»

«Stimmt, da hast du nicht unrecht. Was hatte er mit einer Knarre zu tun? Eine Knarre paßt schlecht zu Milarepa.»

«Wer ist das denn?» fragte Gérard, der manchmal nicht auf der Höhe der Zeit war.

«Man müßte rauskriegen, woher diese Knarre stammt», fuhr ich fort. «Und die ganze Knete. Ich weiß nicht, ob Paul noch Familie hatte, ich glaub nicht, aber er muß jetzt im Leichenschauhaus sein.»

«Was ist bloß mit diesen Gören los», sagte Maria, als sie mit einer Einkaufstasche in der Hand die Tür aufstieß. «Sie fragen nach irgendeinem Herrn Kitzel, kleben wie die Blutegel am Fenster, und du sagst mal wieder nichts, Gérard! Na? Na gut. Und der große Pulp, warum zieht der so ein Gesicht?»

Ich hatte das Bedürfnis, mich zu bewegen. Ich ging über den Aligre-Markt, um mir was auf die Hand zu kaufen, was ich im Gehen verschlang. Dann marschierte ich zur Bastille, folgte dem Kanal und war im

Handumdrehen beim Leichenschauhaus am Quai de la Rapée.

Niemand hatte auf den Leichnam von Paul Mies Anspruch erhoben.

Ich wollte ihn auch nicht haben. Cheryl hatte mich gewarnt: keine Unannehmlichkeiten. Ich erfuhr, daß er sich eine 22er-Kugel in den Mund geschossen hatte und daß er nach Parfüm stank. Ich fragte den diensthabenden Angestellten, wo die Sachen aufbewahrt wurden, die man beim Verstorbenen gefunden habe. Sie waren im Kommissariat von Boulogne. Ich beschloß, zunächst zu dem Hotel zu gehen, in dem Tschang seine letzten Stunden verbracht hatte.

Schweinchenrosa

Ein sauberes, anscheinend annehmbares Zweisternehotel, Route de la Reine. Hotel de la Reine, Hotel zur Königin. Kein Palast, keine Absteige, kein unterkühltes Novotel. Die Wände in Schweinchenrosa. Die Chefin hieß Rosa und erinnerte an ein Schweinchen. Sie saß in einem kleinen rosa Salon und las in einer Illustrierten.

Nachdem man herausgefunden hatte, daß Paul Mies ein Obdachloser war, war die polizeiliche Untersuchung sehr schnell gegangen. Die Chefin des Hotels – eine etwa vierzigjährige Frau im schwarzen Minirock und mit dunklen Strümpfen – hatte mir tief in die Augen gesehen, als sie mir anvertraute, was sie aus dem Mund eines Inspektors erfahren hatte: Mies, der der Polizei unter dem Namen Tschang bekannt war, mußte einen Koffer gestohlen haben, in dem sich eine Schußwaffe und ein Haufen Geld befanden; und das Geld sei ihm natürlich zu Kopf gestiegen; er sei an einem Übermaß an Geld gestorben, so wie manche KZ-Häftlinge nach ihrer Befreiung an einem Übermaß an Lebensmitteln, die sie zu lange entbehren mußten. «Sie haben nichts im Zimmer gefunden?»

«Wer sind Sie?»

«Ein Freund von Tschang. Für die Bullen war dieser Typ ein Penner. Für mich bleibt er Paul der Große, ein schwarzer Engel der 70er Jahre. Auf der Penne war er ein Überflieger. Einer, der aufmuckte.»

«Bah, ich habe ihn gesehen, Ihren Freund. Ich sage Ihnen, was ich weiß. Er ist gestern abend um sieben angekommen. Ahmed wollte ihn rauswerfen, denn, Sie müssen verstehen, er stank fürchterlich. Und er hatte einen Hund dabei. Zwei echte Stinktiere, der Herr und sein Hund. Wir wollten ihn nicht aufnehmen, wegen der anderen Gäste. Und außerdem nehmen wir keine Hunde. Aber er hat sofort einen Packen Geldscheine gezückt. Geld stinkt nicht. Er ist mit seinem Hund hinaufgegangen. Ahmed hat ihm das beste Zimmer gegeben und ihn gewaschen. Das war wohl notwendig, Monsieur. Zwei Stunden später ist er mit seinem blitzblanken Hund wieder runtergekommen. Und er selbst war auch ein ganz anderer Mann, sah fast gut aus. Er hat einen Spaziergang gemacht und ist ohne Hund, dafür aber mit zwei Mädchen zurückgekommen. Wir haben verstanden, daß er sich amüsieren wollte. Wir sagten uns, das ist ein Goldsucher, der eine Mine gefunden hat und in die Stadt kommt, um sein Geld mit Champagner, Whisky, Mädchen und allem, was dazugehört, auf den Kopf zu hauen. Bei all dem wirkte er irgendwie so fröhlich. Unschuldig. Es war zwar nicht zu übersehen, daß Ihr Freund unglücklich gewesen war und daß er es auch immer bleiben würde. Aber zwischen zwei Unglücken schien es eine kleine Glücksphase zu geben, eine Unterbrechung. Er sah aus wie ein Säufer, der niemals aus dem Sumpf herauskommen würde. Verstehen Sie, was ich meine? Man wäre nie auf die Idee gekommen, daß er sich umbringen würde.»

«Tja, vor allem wo er sich gerade zwei Nachtschönheiten an Land gezogen hatte ... Sie waren sehr nett zu ihm. Vielen Dank für ihn.»

«Sie selber sehen auch sehr nett aus. Wollen Sie das Zimmer sehen?»

«Bringt das was?»

«Sie haben mich gefragt, ob ich etwas in dem Zimmer gefunden habe. Kommen Sie, dort oben ist es viel ruhiger. Um zu plaudern.»

Die Chefin holte einen Umschlag unter der Rezeption hervor, berührte flüchtig meine Hand und ging mir dann voraus. Auf der Treppe hatte ich den Eindruck, dem Hintern einer Hure zu folgen. Sie öffnete die Tür mit einem Nachschlüssel und versicherte, daß es sich um das größte Zimmer des Hotels handelte, mit einem großen Bad und einem sehr großen Bett. Den mitgebrachten Umschlag legte sie aufs Bett.

«Das sind einige Papiere und ein Buch. Ich weiß nicht, warum, aber ich mochte sie der Polizei nicht geben.»

«Wieso?»

«Das ist privat. Ein Gefühl. Als die Mädchen nachts das Zimmer verlassen hatten und Ihr Freund allein war, hat er Champagner bestellt, den ich ihm persönlich gebracht habe. Und ich bin eine Weile bei ihm geblieben. Sie verstehen, was ich sagen will. Er war nicht mehr so fröhlich. War irgendwie niedergeschlagen, als wir den Champagner tranken. Ich habe ihn getröstet, er weinte. Er hat mir dieses Foto gezeigt. Schauen Sie.»

Sie reichte mir das Foto eines braungebrannten Typs mit blendendweißen Zähnen, der etwa dreißig war und eine kragenlose weiße Tunika trug.

«Wer ist das?» fragte ich.

«Ich weiß nicht», sagte die Hotelbesitzerin. «Sieht aus wie ein Zuhälter. Ihr Freund sollte ihn töten. Daher kommt das Geld.»

«Also hat er kein Geld gestohlen. Hat er den Kerl umgelegt?»

«Nein. Er hatte die Kohle, die Hälfte der vereinbarten Summe, das war genug, um zu tun, was er wollte.»

«Um zu sterben? Man braucht kein Geld, um zu sterben», versetzte ich. «Und warum sollte man sterben, wenn man ein Buch über das Leben von Jetsun Milarepa in der Tasche hat, übersetzt vom Lama Kazi Dawa-Samdup? Und dann diese Postkarte von Ouarzazate, die er an die Wand geklebt hat? Warum? Hat er vielleicht bestimmte Pläne gehabt? Wissen Sie etwas darüber?»

«Warten Sie, er hat noch etwas gesagt. Und ich lasse Sie in Ruhe. Er hat gesagt, der Seehundkragen ist Pulp.»

«Der Seehundkragen ist Pulp. Das ist Blödsinn. Pulp bin ich. Und ich habe niemals einen Seehundkragen besessen, das schwöre ich Ihnen. Es ist zwanzig Jahre her, daß ich Tschang gesehen habe. Hahahaa … Tschang!»

«Schreien Sie nicht rum, das bringt ihn auch nicht zurück.»

«Ich schreie nicht, ich niese.»

Die Beerdigung von Jean-Paul Sartre

Das letzte Mal, als ich Leo Spitz gesehen habe, waren wir drei sturzbesoffen auf der Beerdigung von Jean-Paul Sartre. Spitz, Tschang und ich. Das Ganze endete in der Rue de Gaîté, in einer recht düsteren Umgebung.

Aber weder Spitz noch Sartre, noch ich waren bei der Beerdigung von Tschang betrunken. Eine Zeremonie auf dem Friedhof Boulogne-Billancourt, Rue Point-du-Jour, die schnell erledigt war. Kein Pfarrer, keine Amtspersonen. Nur ein Loch, eine Kiste, ein Adieu. Keine Worte. Keine Blumen. Basta.

Ich hatte die Schnellbahn nach Issy-les-Moulineaux genommen und die Seine überquert. Vor gar nicht so langer Zeit war es Renault samt seiner Belegschaft, die in dieser westlichen Ecke von Paris eine große Bedeutung hatten. Heute bestimmt das Fernsehen den Rhythmus der Moderne, und überall sind Kommunikations-, Werbe-, Consulting-, Marketing- und Multimedia-Firmen aus dem Boden geschossen. Um dem etwas entgegenzusetzen, hatte ich einige Seiten aus Tschangs Buch über das Leben von Jetsun Milarepa gelesen, aus dem Tibetanischen übersetzt von dem Lama Kazi Dawa-Samdup. Sie fragen sich, wer dieser Jetsun Milarepa war? Kurz gesagt, ein Geschöpf, das in einem einzigen Leben die Vierfache Persönlichkeit und die Fünf Vollkommenheiten erlangte, welche die Allgegenwärtigkeit des Großen Vajra-Dahra bilden. Seine unablässige Gnade und Barmherzigkeit ergoß sich über eine zahllose Menge empfänglicher Wesen und setzte zu ihrem Heil unaufhörlich das Erhabene Rad der Wahrheit in Bewegung, um sie so aus der unnennbaren Angst und dem Schmerz des Sangsara zu erlösen. Er war derjenige, der den lebendigen Göttern in der Stadt der Großen Erlösung gleichkam, in der eine unbeschreibliche Glückseligkeit herrschte, wobei er zudem das Vierfache Prinzip der Unsterblichkeit erreichte und entwickelte.

Das habe ich also in der Bahn gelesen und habe es nicht an der Kiste und am Loch meines Freundes Paul

Mies, genannt Tschang, zitiert, der weder an Gott noch an den Teufel glaubte und der im Chaos, in der Revolte und in Nichtunterwerfung gelebt hatte, bevor es finanziell und körperlich mit ihm bergab gegangen war und er sich schließlich in einem schweinchenrosa Hotel die Kugel gegeben hatte, einem Hotel, das von einer vierzigjährigen Frau geleitet wird, über die ich mich nicht weiter auslassen will.

Leo hatte auf seine Uhr gesehen und mich zum Essen auf einen modernisierten Lastkahn eingeladen. Dort waren Edelmiezen mit mageren Schenkeln und üppigen Mündern, wie man sie in den Illustrierten sieht. Mädchen aus dem Fernsehen, die sich in Illustrierten abbilden ließen, oder Mädchen aus den Illustrierten, die man auch im Fernsehen sah, so daß alle bestens miteinander bekannt waren, Küßchen hier, Küßchen da, nur ich nicht. Der Trottel da drüben, wer ist das denn? Ich bin nicht trotteliger als andere und – verraten Sie es nicht Cheryl – hatte mit einigen dieser Göttinnen schon das Bett geteilt. Und sie waren ganz ordentliche Mädchen, gar nicht so hochnäsig, wenn es intim wurde. Aber ich gehöre trotzdem zu den Typen, mit denen Frauen lieber ins Bett gehen als sich in der Öffentlichkeit zeigen. Und hier auf dem Lastkahn waren es Leos unglaublich blaue Augen, die die rosigen Wangen der Mädchen umschmeichelten. Er war immer noch sehr attraktiv, wenngleich er sich geändert hatte. Während er weitschweifig und in dermaßen gewundenen Arabesken über Tschang und die verlorenen Illusionen unserer gemeinsamen Jugend redete, daß ich kaum folgen konnte, ließ er eine verstohlene und unpassende Träne in seinen Biberpelzkragen tropfen.

Er hatte ein Duo aus Yin- und Yang-Nüdelchen und

Mini-Rübchen auf Brokkoli al dente bestellt, und ich hatte dasselbe genommen, allerdings nicht mit Mineralwasser, denn ich brauchte ein anständiges Bier, ein sanftes und vertrautes Getränk.

«Verstehst du, was mit Tschang passiert ist?» murmelte ich.

«Ja, ich verstehe alles. Ein Typ hat ihm fünfzigtausend Francs gegeben, damit er einen Zuhälter umlegt. Tschang hat die fünfzigtausend Francs eingesackt, und der Zuhälter läuft immer noch rum.»

«Wurde Tschang vom Auftraggeber oder vom Zuhälter umgelegt?»

PULP und der Mord für Geld

Leo Arschloch

Leos Cyberluchsaugen durchbohrten mich mit zwei Laserstrahlen, die blau wie eine eiskalte Lagune waren.

«Er hat sich wirklich selbst die Kugel gegeben, und der Auftraggeber, der die Fünfzigtausend hingeblättert hat, hat seinen Zuhälter immer noch auf dem Hals. Aber das ist noch nicht alles. Ich weiß nicht, was Tschang angestellt hat, aber der Zuhälter weiß von dem Auftrag, ihn umzulegen. Und vielleicht hat der Auftraggeber wegen Tschangs Tod ein schlechtes Gewissen. Vielleicht hat er, auch wenn es nicht so aussieht, tatsächlich so etwas wie ein Gewissen, und vielleicht wollte er Tschang helfen, als er ihm diesen einfachen Auftrag zuschusterte. Er dachte, er könnte ihn vielleicht aus der Scheiße ziehen, ohne ihm ein Almosen zu geben.»

«Und das ist ja auch gelungen! Er ist aus der Scheiße raus. Du kannst zufrieden sein, du hast ihn aus der Scheiße gezogen. Deine tolle Aktion hat ihn direkt ins

Paradies befördert. Was regt dich dabei auf? Daß Tschang seinen Vertrag nicht erfüllt hat, ist es das?»

«Ich bin hundertmal an Tschang vorbeigegangen, ohne ihn zu erkennen, ohne ihn zu bemerken, und dann hörte ich eines Tages seine Stimme. Ich hab mich umgedreht, heruntergeblickt und ihn mit einem Hund gesehen. Ich hab den Hund wiedererkannt. Es war zwar nicht derselbe, aber ein Doppelgänger des Köters von seinen Alten. Du erinnerst dich, dieser uralte Riesenpudel im Rastalook. Ich glaube, er hieß Tintin oder Milou oder so ähnlich. Ich mußte diesen Zuhälter loswerden, und da hab ich an Tschang gedacht. Aber jetzt bist du ja da ...»

«Ich? Ich hätte Lust, dir die Fresse zu polieren, Leo Arschloch.»

«Das siehst du falsch. Ich hab Tschang geholfen, er ist als freier Mann gestorben, als großer Herr. Und so ist es eben. Ich habe das nicht gewollt. Tschang hat sich selbst so entschieden. Ich kann dir helfen, auch dir.»

«Er hatte einen Plan von Marrakesch bei sich.»

«Ja. Er konnte sich aussuchen, wo er den Kerl umlegen wollte. In Paris oder in Marrakesch. Ich begleite morgen früh eine Art Studienreise, ein Seminar. Ich hätte Tschang als Guru ausgegeben. Es hätte mir irgendwie Spaß gemacht, Tschang unter dieses Volk zu mischen. Er muß jeden Tag beobachtet haben, wie Sekretärinnen, Telefonistinnen, Assistentinnen, Direktoren, Redakteure und Werbedesigner an ihm vorbeigegangen sind, und er hat nie begriffen, warum diese Leute aus dem Bett gestiegen sind, um am Metroausgang an der Place Marcel-Sembat aufzutauchen. Ich freue mich, dich wiederzusehen.»

«Sag mal, Leo, du Schweinehund willst tatsächlich,

daß ich dich nach Marrakesch begleite? Du willst mich zum Auftragskiller machen?»

«Du denkst zu eingleisig. Ich möchte, daß du den Platz von Tschang einnimmst. Nur das zählt. Ich finde einen Freund wieder, ich verliere ihn, und dabei finde ich einen anderen wieder.»

«Und willst ihn wieder verlieren.»

«Ich dachte nur an all den Scheiß, den wir zusammen gebaut haben ... Ich weiß nicht mal, was du im Leben treibst. Aber deine Mindesthaltbarkeit ist auch bald abgelaufen. Ich bin, wie du siehst, im Marketing-Business, und davor war ich in der Werbung. Ich habe bei Séguéla gearbeitet, war Juniorchef, als ich beim Brainstorming den Slogan *In der Ruhe liegt die Kraft* erfunden habe. Ich war verheiratet, geschieden, wieder verheiratet, lebe getrennt. Du siehst, der Lebenslauf des modernen Mannes, des ultimativen Abenteurers. Ich schlag mich irgendwie durch. Ich war Post-Sponti, Neo-Punk und dann Yuppie. Gegenwärtig bin ich Zippy, für Zen-inspirierter Paranoia-Profi, verstehst du? Immer modern. Ich reiß mir den Arsch auf und höre Techno, New Jack, Garage und Easy Listening, Gangsta Rap und wie der ganze Scheiß sonst noch heißt.»

«Du hast dich nicht geändert. Du glaubst an nichts. Ich dachte, du würdest Gigolo werden, im Gefolg einer alten Schachtel mit echtem Goldschnitt. Ich dachte, du wärst auf den Bahamas. Oder in der Musikbranche. Aber auf jeden Fall irgendwo auf den Bahamas oder in Miami. So eine Art Robert Palmer oder Julio Iglesias.»

«Das hätte mir vielleicht schon gefallen. Aber ich glaube doch an etwas, nämlich ans Vergnügen. Im Grunde bin ich immer ein bißchen Punk, *no future*. Ich hab nie auf die Songs von morgen gewartet, ich hab immer die Hits des Tages gesungen, *top of the pop*, ich bin ein Karaoke-Mann! Und du, Polpetto? Dein Leben hat sich nicht verändert, und das Leben hat dich nicht verändert. Kaum zumindest. Du trägst noch immer dieselben Jeans und dasselbe Outfit wie vor zwanzig Jahren. Siehst immer noch aus wie ein versprengter Fallschirmjäger.»

«Ich hatte nicht den Ehrgeiz, Karriere zu machen. Gesellschaftliche Höhen erzeugen bei mir ein Schwindelgefühl. Ich hab' eine kleine Erbschaft gemacht, und ich kann leben. Wenn meine Aktien fallen, fülle ich die Kasse auf meine Weise wieder auf. Ein Leben wie in der Hängematte, den ganzen Tag schlafen, und wenn ich etwas höre, das mich stört, oder wenn ich ein wenig Hunger habe, stehe ich auf und seh nach, was los ist. Und ich krieg schon geregelt, daß der Lärm aufhört oder daß ich etwas zu essen kriege.»

«Man hat mir gesagt, du wärst so eine Art Weltverbesserer.»

«Man darf nicht immer glauben, was man hört oder in Büchern liest. Muß wirklich einer umgelegt werden?»

«Es muß sein, Gabriel. Der Typ ist ein ekelhafter und gefährlicher Lude. Ich habe ihn demaskiert. Er benutzt unsere Firmen und die Beziehungen, die wir seit fünf Jahren im Maghreb geknüpft haben, um seine Privatgeschäfte zu machen. Er bringt zwölfjährige Mädchen in Umlauf und beliefert die arabischen Bordelle.»

«Wir sprechen von einem Mord, Leo. Hast du schon mal jemanden umgelegt?»

«Nie, das schwöre ich dir, Gabriel, nie. Und du?»

«Ein paarmal war ich dazu gezwungen. Und zwar, um meine Haut zu retten. Das ist etwas anderes.»

«Deshalb sollst du entschädigt werden. Hunderttausend. Ich bin mir sicher, daß du Geld brauchst. Alle brauchen Geld. Denk nur an Tschang. Und nach Marokko werde ich dir etwas anderes vorschlagen, eine weniger schmutzige Sache. Wir werden Tschangs Tod und den Namen des Luden vergessen, und wir werden gemeinsam träumen, Gabriel. Ich habe dich wiedergefunden, mein Freund.»

Der lappländische Apoll des läppischen Lippilapa labert labrige Milch am popligen Pop-Schwanz am Sexpol

Ich hatte eine schlechte Nacht verbracht. Anstatt in mein Hotel in der Rue de Charenton oder zu Cheryl zurückzukehren, war ich erst mal ins Pied de Porc gegangen, um einen Schluck zu trinken, nur ein klitzekleines Bierchen. Es war derartig gemütlich und triefte nur so vor Weinseligkeit und sattem gutem Gewissen, daß ich begann, mich erst mit Gérard und dann mit Maria zu streiten. Und als Vergeat mit seinem neugierigen Rüssel aufkreuzte, konnte ich mich nur noch verziehen. Dabei machte ich ihnen klar, daß ich nicht etwa ging, weil es spät war, sondern weil man sich hier zu Tode langweilte. Gérard sagte, genauso sei es, und knallte die Tür hinter mir zu. Ich hörte, wie er von innen den Riegel vorschob. Ich fand mich auf der Straße wieder. Ich glaubte mich zu erinnern, daß Cheryl mit ein paar Freundinnen oder Freunden essen gehen wollte, aber was wußte ich schon davon, ob irgendwelche Typen etwas mit meiner Cheryl anstellten. Also machte ich einen kleinen Zug durch die Gemeinde. Nach der barbarischen Bar die teuflische Theke, die schummrigen Schenken, Sex, Tex, Mex, duraLex fand ich mich an der

Bastille wieder, von wo ich eigentlich in die Rue de Charenton hätte gehen sollen, um endlich zu meinem Hotel zu kommen und alles zu vergessen. Aber ich hatte noch Appetit auf Austern. Daher ging ich zu Bofinger, wo ich allerdings nicht hinein konnte. Nicht etwa, weil es voll war, weil es so viele waren, die auf einen Tisch warteten. Nicht wegen der Quantität, sondern wegen der Qualität der Leute. Weil sie derartig clean waren, ob rasiert oder nicht, Bohème eben oder was man so darunter versteht, Künstler, Adel, Geldadel und andere Bonzen mit ihren Tussis, Supermodels, Busenwundern, Spatzenhirnen bei Champagner, entkernten Oliven und Chips. Ich sah, wie der Kellner, der für das Öffnen der Austern zuständig war, hochnäsig über den Meeresfrüchten die Nase rümpfte. Ich bekam Lust, mich gegenüber auf die Straße zu setzen und ganz fest an Tschang zu denken. Was ich dann auch tat. Ich lehnte mich mit dem Rücken gegen einen Mülleimer, zog mir einen alten Pappkarton über die Schenkel und starrte auf die Rue de la Bastille, als ob ich sie noch nie gesehen hätte. Ich spürte keine Kälte. Es war meine erste Nacht draußen, und ich hatte keine Angst vor der Kälte, weil ich mit Netz und doppeltem Boden arbeitete, weil ich mich jederzeit im Warmen in die Falle hauen konnte. Tschang hatte wahrscheinlich auch keine Angst mehr gehabt, er konnte jederzeit abkratzen. Ich verstand nichts davon. Oder es war alles viel zu einfach. Um nicht mehr an die gefährliche scheinheilige Einfachheit der Dinge denken zu müssen, brabbelte ich Wörter ohne Anfang und Ende vor mich hin: der lappländische Apoll des läppischen Lippilapa labert labrige Milch am popligen Pop-Schwanz am Sexpol. Nordpol. Südpol. Sex. Dieses Wort erleuchtete die Straße. Ich hatte Lust auf ein tiefblaues

Schwimmbecken mit nackten Mädchen, die an fluoreszierenden Strohhalmen sogen, die in Milchshakes steckten. Banane. Ich sagte mir, bingo, das ist der wahre Wunsch des Armen, des elendig verelendeten Elenden. Der Traum eines Verblödeten, der nicht einmal mehr weiß, wovon er träumen soll. Ein Traum wie auf einem Werbeplakat, einem Abziehbild in der Metro. Und dann sah ich, wie Cheryl mit ihrer Freundin Lulu bei Bofinger herauskam, in Begleitung von zwei Schönlingen, die ich nicht kannte. Ich faltete mich blitzschnell auseinander, stand auf, warf die Pappe beiseite und dabei den Mülleimer um, stürzte auf die beiden Clowns und Flittchen zu, Entschuldigung, Partner, und haute den beiden Grünschnäbeln ein paar runter, weil mir das guttat, weil ich Bock darauf hatte, Schläge auszuteilen, Bock auf Ungerechtigkeit, Grobheiten und die Brutalität eines betrunkenen Hetero-Rüpels. Ein wenig auf diese kleinen Wangen klopfen, so frisch und rosig wie ein Kinderpopo, und dann auf die feschen Hinterbacken, und Cheryl hielt mich fest, Gabriel, nein, hör auf, bist du denn völlig übergeschnappt. Die beiden Frauen trösteten die beiden Knaben, die sich sehr gut allein trösten konnten. Ich war drauf und dran, wie ein Spießer auf zwei schwachgebaute Bimbos einzudreschen. Ich sagte, ist schon gut, ließ die wütende Cheryl und ihre fassungslosen Freunde einfach stehen und ging meine Austern essen. Ich hatte ihnen den Abend verdorben, dafür würde ich früher oder später zahlen müssen, ich war etwas zu weit gegangen, aber ich ging meine Austern essen. Dann stürzte ich hinaus, um sie auszukotzen und danach irgendwo ein Bier zu trinken, mit irgend jemandem, aber ich erinnere mich nicht mehr, ob es wirklich Bier war oder wo sich das Ganze abspielte und mit wem ich zusammen war. Eine schöne Blondine, glaub ich. Dann bin ich in meinem Hotelzimmer in der Rue de Charenton mit einem Bleischädel aufgewacht. Im Zahnputzbecher lag ein gebrauchter Präser und unter dem Kopfkissen eine blonde Perrücke.

Pulpös

Es war sieben Uhr morgens, und die Nacht verklebte mir den Kopf. Ich hatte geduscht, gleich zweimal, und ich hatte wirklich Lust, zu flüchten, abzuhauen, wegzuglitschen wie grüne Seife zwischen den Fingern, und zwar ohne Cheryl auf Wiedersehen zu sagen, ohne einen Kaffee im Pied de Porc zu trinken und ohne den unbekannten Soldaten zu grüßen. Da erinnerte ich mich an Marrakesch, und das war gut so, Inschallah. Ich hatte alles getan, um nicht mehr daran zu denken, denn Marrakesch, die Wüste, das Flugzeug, meine Vergangenheit, meine Liebschaften, das tägliche Einerlei, die Nostalgie, Tschang, Leo, Gabriel-der-junge-Pulp, *piccolo polpetto*, all das war mir scheißegal. All das ging mir am Arsch vorbei. Ebensowenig wie ich mich an die letzte Nacht erinnern konnte, wußte ich, was ich in den letzten fast vierzig Jahren gemacht hatte. Ich wußte nicht, war ich Opfer oder Täter, Held oder Henker oder einfach nur Zeuge. Ich saß in der Scheiße. Sie glauben, mich ein wenig zu kennen, ich hab Affären aufgeklärt, Geheimnisse aufgedeckt, ich hab Fehler ausgebügelt und Notbremsen gezogen, ich hab dem einen oder anderen die vier Wahrheiten ins Gesicht gesagt, aber ich hab mich immer davor gehütet, in den Spiegel zu sehen. Und erst recht in den Rückspiegel. Man nennt mich Pulp, aber an diesem Morgen fühlte ich mich klebrig, dreckig, gemein, skrofulös, feist, in einem

Wort «pulpös», wenn Sie mir das Wort verzeihen. Außerdem hatte ich ein schlechtes Gefühl im Magen. Ich dachte an Tschang und den kleinen Friedhof an der Rue du Point-du-Jour, und ich hatte Lust zu heulen, was ich auch tat. Ich wußte nicht, warum ich mich auf Leo Spitz eingelassen hatte, ich hatte nichts in Marrakesch oder Ouarzazate zu suchen, außer in die Haut von Tschang zu schlüpfen. Aber dabei handelte es sich ja nicht einmal um die Haut von Tschang, sondern um das Kostüm, das Leo ihm angeboten und das sich als Leichenhemd entpuppt hatte. Ich wußte nichts mehr über Tschang, über Leo, über mich. Ich mußte nach Marrakesch, um mehr darüber herauszukriegen, aber Marrakesch war ja nichts Besonderes, die nächstbeste Tür, ein Katzensprung. Meine Antipoden waren das «Marketing», die PR-Agentur, das Team, das Busineß, die Unternehmerwelt und der moderne Mensch, an den sich sämtliche Werbeslogans richteten. Aber Marrakesch hieß auch: in einem Pulk mit etwa siebzig Schwachköpfen aufzubrechen, mit fröhlich-bekloppten Schreihälsen, im Konvoi der Tapferen den Angriff auf die Souks zu starten. Ich war eher ein Außenseiter, ein Träumer, der mit geschlossenen Augen in einem Flugzeug reiste, das in Einzelteilen in einem Hangar an der Oise rumstand. Aber ich wußte, daß Leo Realität war, so wie der kalte Novemberregen Realität war, und ich spürte die Risse in dieser Realität, die Breschen, die Ritzen, aus denen Gespenster und Monster hervorkrochen, Sirenen, Hexen und Feen, neue Folterinstrumente und Hurensprüche und der Zorn von Millionen wütender Babys. Mir war kotzübel, ich hatte Schiß und einen Ständer, und vielleicht hatte sich mein Schwanz aus Ekel, Schiß und Entsetzen aufgerichtet. Ich lachte, weinte und war geil. Es schüttelte und durchzuckte mich, und so begann ich, nackt im Zimmer zu tanzen und meinen alten Schwanz, meine alte Haut und meinen alten Magen abzuschütteln. Ich hatte das Gefühl, eine wichtige Verabredung mit mir selbst zu haben. Und ich erinnerte mich an etwas, das Robert Louis Stevenson einmal geschrieben hatte: «Ich bin zweifellos mit dieser unaussprechlichen Empfindungskraft geboren worden, die mich immer von der Realität fernhält, mit diesem Eindruck von irgend etwas Pathetischem inmitten der Dinge, das aus zwei zusammenhängenden Elementen besteht: grenzenlose Anziehung und Abstoßung.» Ich stopfte mich mit Wörtern voll und ließ mich von Fall zu Fall bezahlen wie ein Handelsvertreter, der seine Kommission bekommt, wie ein Zuhälter oder Impresario. Ein mickriger prozentualer Anteil, mein Gehalt als Domestik, als Lakai des Guten, der Gerechtigkeit und der linken Hälfte des Volkes, meine kleine Taxe als Gelegenheitsdieb, ja, ja, ich war nicht mal ein richtiger Dieb wie der *Dieb* des Anarchisten Georges Darien, und ich war weder Abbé Pierre noch Jules Bonnot. Ich war nur der linksgestrickte Vetter von Prinz Malko Linge. Abwechslung macht den Menschen.

Sie haben diese nackte Morgendämmerung, die nichts erhellt, mit einer Plane abgedeckt

Ich habe mich also auf Leos Bedingungen eingelassen. Ich sollte machen, was Tschang hätte machen sollen, ich übernahm die Rolle aus dem Stegreif. Mich als angehenden Animateur ausgeben und gut sechzig Angestellte nach Marokko zu einem Marketingseminar begleiten. Wenn ich einmal da wäre, könnte ich einen unerwünschten Zuhälter umlegen. Ich bin ebensowenig ein Auftragskiller wie Tschang. Tschang hatte seinen Vertrag nicht erfüllt. Und ich wollte niemanden töten. Ich wollte lediglich das Leben an der Stelle aufnehmen, wo Tschang es verlassen hatte, und sehen, wohin so ein Leben einen führte.

«Hast du gut geschlafen?» hatte Leo eher beunruhigt als besorgt gefragt.

«Wenn die Stadt schläft, schläft für mich alles. Das ist es doch, was man im Grunde vom Tod verlangt, oder?»

«Du bist ja gut drauf. Wollen wir einen Kaffee trinken, bevor wir uns der Gruppe anschließen?»

Ich hatte in der Rue de Charenton ein klappriges Taxi genommen und war nun in Boulogne. Ich hatte einige Klamotten in einen großen Sack gesteckt und war bereit. Ich kam mir vor wie auf der Flucht. Auf der Flucht vor Paris, vor Cheryl, dem Pied de Porc, dem Winter. Und vor mir selbst. Tschang war bescheuert gewesen. Er mußte wirklich an gar nichts mehr geglaubt haben. Und er mußte Scheiße in den Augen gehabt haben. Mit zehn Riesen hätte er sich vom Acker machen können. Er hätte bis zum Atlas weiterfahren können, bis zu den Bergen und noch weiter bis ins tiefschwarze Afrika.

«Gut, trinken wir einen Kaffee», sagte ich.

«Du hast ja deine alte Erobererrüstung angezogen!» rief Leo mir spöttisch entgegen.

«Wo ist denn dein Fuchskragen?»

An diesem öden grauen Morgen wirkten wir wie zwei edelklasse Schauspieler in einem Werbespot, einem Videoclip. Leo spuckte große Töne und erzählte mir von der Firma, vom Marketing, von der Werbung, vom B. to B., den diversen Aktivitäten, der Straße der

Unternehmer, den Leuten. Wachstum, Komplexität, Transversalität waren die Schlüsselwörter. Während der ganzen Zeit schrie ein Papagei herum, der hinter der Theke auf einer Stange saß. Er plapperte Papa Gaillot, Papa Gaillot, und starrte mich dabei mit großen runden Augen an, als ob ich der ehemalige Bischof von Evreux höchstpersönlich wäre. Leo konnte sich kaum noch an Tschang erinnern, als ich ihn fragte, wo Tschang sich auf dieser Place Sembat aufgehalten hatte, wo sein Loch, seine Ecke war. Schließlich hatte er mir die Bäckerei auf der anderen Seite der Avenue Édouard-Vaillant gezeigt, an der Metrostation. Und dort saß bereits ein anderer Clochard, mit einem Hund, vielleicht demselben Hund, dem Hund von Tschang. Wir tranken unseren Kaffee aus und gingen an dem Hund von Tschang vorbei oder einem anderen Hund, dem Hund von niemandem, und ich hatte mir den vierzigjährigen Typen angesehen, der da so schlaff herumsaß und den Typen ansah, der seinen Hund angesehen hatte. Und man fragte sich, wer von uns dreien die meisten Flöhe hatte.

«Wir kommen zu spät», sagte Leo.

Dieser Satz, dieses «zu spät» hatte den Clochard zum Lachen gebracht und sozusagen über die Bande auch mich, ich komme niemals zu spät, ich habe keine Uhr, ich habe weder ein Rendezvous noch einen Terminkalender, keinen Chef, und ich denke, der beste Weg, einen Zug zu kriegen, ist es, den vorherigen zu verpassen. Ich wurde wieder vom Tschang-Syndrom erfaßt, wie gestern vor dem Bofinger, und hatte Lust, mich zwischen den Clochard und seinen Hund zu setzen. Es kam mir viel wärmer als anderswo vor, und sicher täuschte ich mich, aber trotzdem gefiel mir dieser flüchtige Einfall. Als ob man von Kokospalmen träumen würde. Das ist schön. Aber wenn man dann an dem Postkartenstrand ist, ist alles anders, der Sand ist grau, es stinkt, die Mücken verschaffen einem die Scheißerei, und die Eingeborenen kacken auf den Strand. Der Clochard streckte die Hand nach mir aus, und plötzlich hatte ich ein zerknülltes Stück Papier in der Hand. Ich kaufte das Papier für zehn Francs. Leo meinte, ich hätte eine Macke. Ohne mich um ihn zu kümmern, las ich den Text mitten auf der Straße, nachdem der Clochard mir hinterhergerufen hatte, daß er ein Dichter wie Villon und ich reich wie Krösus sei. Die Zeiten waren hart und die Leute auch, und vor allem hatten sie ihre Ohren versiegelt. Aber das Gehör ist kühn, und die Liebe ist der Hunger der Welt. Ich las.

«Sie haben diese nackte Morgendämmerung, die nichts erhellt, mit einer Plane abgedeckt

sie haben den Dunst mit Hammer und Amboß und Messer ausgewrungen

neue Namen erfunden für das Unbenennbare

die Schiffe unter dem Mond, das Vieh im Stall inventarisiert

und die Elemente, die im Lager eines rentablen Glücks verfügbar sind

sie setzten sich an den Tisch, an dem unsere Väter speisten

sie waren Chefs und Unterchefs in Kolonnen von Kompanien von Geschwadern und allesamt kreuzfidel

Rock Rigodon Walzer und Quadrille sie kannten den Pas-de-deux

der Infanterie und Bramarbasieren und den richtigen Preis für das populäre Heldentum, sie waren Männer mit Charakter und Frauen mit Verstand in Hosen von Löwenbändigern und Kopfjägern

als Hänflinge und Breitärsche unterwarfen sie die arbeitsscheue Bevölkerung

mit ihrem schwachen Willen als Vorarbeiter zeugten sie gesunde Kinder mit gekauften Frauen und diese Kinder regieren mit dem Gewehr und dem Reißzirkel, die

den Umkreis des Möglichen und die reglementierte Distanz für einen möglichen Ausbruch definieren.»

«Woran denkst du?» fragte Leo mit düsterer, erzürnter Miene.

«Nicht an dich. Die Leute haben ihre Ohren versiegelt, aber das Gehör ist kühn, und wenn die Information eindringt und wenn sie die schweren, unsichtbaren Lider heben würden, die über ihren dämlichen, kaputten Ohren hängen, würden sie das Meer tosen hören. Ich meine, daß Tschang mit Éluard sagen wollte, daß man sein Leben mit der Suche nach etwas verbringen sollte, das der Dichtung keine Schande macht.»

Éluard war Kommunist

«Éluard war Kommunist, heißt es. Sieh mal, der Bus ist schon da. Sei ein Phantast, okay, kiff dir dir Rübe voll, aber spinn trotzdem nicht zuviel herum. Du weißt schon, du mußt den Softie spielen.»

«Du zeigst mir den Luden.»

«Er fährt nicht mit uns. Er ist bereits an Ort und Stelle. Hast du einen ordentlichen Anzug in deinem Sack, etwas Sauberes und Leichtes aus Baumwolle oder Leinen?»

«Nein. In meinem Sack habe ich andere Säcke, mit Löchern für Kopf, Arme und Beine. Man nennt das Kleidung, aber ich hab keine Ahnung, wie man sie geschneidert hat und kenne auch nicht den Namen der Dame oder des Herrn, der sie entworfen hat.»

«Spiel das Spiel mit, *please*. Sonst wirst du scheitern, und man wird sich nicht amüsieren. Willst du dir nicht eben schnell ein oder zwei Lacoste-Hemden kaufen? Hier, nimm das.»

Leo hatte mir zerknitterte Geldscheine in die Hand gedrückt, so wie der Clochard mir sein Gedicht zugesteckt hatte. Ich dachte, daß wir alle schwerhörig und tolpatschig sind, sehr schwerfällig und langsam. Eher bewegt als etwas bewegend. Ich habe das Zähneklappern von Tschang zu spät gehört. Und eben deswegen, wegen dieser Verfehlung, stand ich diesen Freitagmorgen auf dem kalten Pflaster in Boulogne, zwischen einem Bus und der Belegschaft einer Marketingagentur, mitten in einem Haufen von Taschen und Koffern. Auf manchen waren Bestimmungsorte, Namen, sinnlose Wörter und Reklameaufkleber: Bangkok, Mirabel, Fly, Los Angeles, Jet, Kabul, Istanbul, Wonderbra, Ohropax, Kiss Cool, Speed, Fun, Bribane, Miami Vice, Rayban, Murrayfield, Ladysmith und sonstwas. Legen Sie die Sicherheitsgurte an, legen Sie Hand- und Fußschellen an, und katapultieren Sie sich in den glasklaren Himmel. Wenn Mitleid einen Sinn hatte, dann mußte ich mich in diese Richtung bewegen. Für Tschang und für mich. Um zu verstehen. Um es genau zu wissen. Ich hatte es akzeptiert, ein Haufen Scheiße zu sein, dem ein Haufen Scheiße hunderttausend Scheißfrancs angeboten hatte, um einen anderen Haufen Scheiße umzulegen. Die Straße, der Müll, die Bettelei, das war eine Sache, ein Abstürzen, ein Abgleiten, das ich schon zu anderen Zeiten ins Auge gefaßt hatte. Oder das mich ins Auge gefaßt hatte? Das war eine Stilfrage, eine Pose, ein Gedankenspiel. Teufel auch, ich hatte gut reden: Ich war ein Privilegierter, ein Wohlhabender, ein dämlicher Pseudo-Anarcho, ein abgehalfterter Anti mit Knete auf der Kante. Ein Rebell à la Sainte-Scolasse, heiliger Lahmarsch, heiliger Nuttenarsch. Ich hatte nichts mit diesen fröhlichen und aufgeregten Angestellten zu tun, die sich in diesen Bus drängten, der nach Orly fuhr, und in das Flugzeug, das nach Marrakesch flog, und dann ab ins Hotel unter der Sonne. Ich war kein Sklave, ich war freiheitlich eingestellt, ich spielte den Phantasiehelden, wie ein kleiner Junge, der sich als Zorro verkleidete. Und das in meinem Alter. Peng, peng, POUM. Ich liebte die Anarchie und die spanischen Republikaner der 30er Jahre wie junge Mädchen heute Brad Pitt lieben, nachdem sie Tom Cruise geliebt haben, und dabei die Erinnerung an James Dean, Jim Morrison und Kurt Cobain hochhalten. Wie sie war ich vom gewaltsamen Tod und Selbstmord fasziniert. Dabei wäre es besser, die *Ballade von den Fünf Bedingungen des Wohlseins* von Milarepa zu singen:

«Großer Meister! Seliger Marpa! Ich werfe mich zu deinen Füßen nieder!

Gib mir die Kraft, auf die Ziele dieser Welt zu verzichten.

Hier in der Hauptgrotte von Dragker-Taso,

An der höchsten Stelle der Mittelhöhle,

Bereite ich, der tibetische Yogi namens Repa, mich darauf vor,

Den vollkommenen Zustand Buddhas zu erreichen,

Indem ich auf jeden Gedanken an Nahrung und Kleidung verzichte,

Und auf alle Ziele dieses Lebens.«

Blödmann! Ich höre, wie mein alter Kumpel Tschang mich in alle Ewigkeit verspottet.

«Ich möchte Ihnen Tschang vorstellen, von dem ich

Ihnen schon erzählt habe», sagte Leo. «Er wird sich ab morgen um Sie kümmern.»

«Cool», murmelte irgendeiner.

«Uncool», maulte irgendeine.

PULP und der Mord für Geld

Niemandes Liebling sein, und kein Getue

«Laß es dir gutgehen», hatte Leo gesagt.

Null Bock. Es gab zwar drei oder vier Tussis, die begeistert waren, ein Wochenende ohne ihre Familien zu verbringen, aber ihnen ging es weniger um libidinöse Abenteuer. Die rund sechzig Personen, die ich da sah, musterten mich prüfend. Eine Untersuchung des Soziologen Renaud Sainsaulieu, die er über sechs Jahre in achtzig Firmen anstellte, zeigte in eklatanter und erhellender Weise, daß die Arbeit mehr als jemals zuvor der Ort ist, an dem die Individuen ihre soziale und persönliche Identität herausbilden. In immer größerem Ausmaß ist das Unternehmen zu einer Institution geworden. Die geringste Tätigkeit wird jetzt als Mission bezeichnet. Und das gesamte Managertum hängt der impliziten Idee einer auf Konsens und Transparenz beruhenden Unternehmensführung an, bei der alle Arbeitnehmer in gleichem Maße mobilisiert und in den Arbeitsprozeß integriert werden. Aber warum mußte man um jeden Preis so tun, als ob alle gleichermaßen beteiligt und verantwortlich sein wollten? Mir persönlich schien, daß die Zwänge immer stärker wurden, ohne daß sich das in den Gehältern und Löhnen oder in den Arbeitsbedingungen niederschlagen würde. Und obendrein schien es mir so, daß ich nicht allzu viel arbeiten sollte. Denn wenn ich auch kein Obdachloser wie Tschang war, so war ich auch kein Gehaltsempfänger wie Leo. Ich hatte immer in ruhiger und wohlbedachter

Marginalität gelebt, ohne jemals um Arbeit zu bitten. Ich hatte mein Steckenpferd, mein Flugzeug, die Polikarpow I-16, die ich eigenhändig zusammenbauen wollte wie ein kleiner Junge sein Flugzeugmodell, zum Ruhme von Papa und aller spanischen Republikaner, aller Rebellen und Anarchisten in Vergangenheit und Zukunft und in allen Jahrhunderten. Und all das mit einer solchen Hochachtung vor den elterlichen, republikanischen, anarchistischen und subkulturellen Institutionen und mit einem solchen Konformismus, einer solchen Sicherheit und einem derartig guten Gewissen, daß ich große Lust hatte zu kotzen, als ich mit grimmiger Miene in den Airbus einstieg. Niemandes Liebling sein, und kein Getue. Ich hatte Lust, einfach aus dem Fenster zu starren und diese vier Stunden himmlischen Schwebens in aller Ruhe zu verbringen.

Der reinste Bienenstock, dieses Flugzeug. Eine Marketinggruppe besteht zu etwa 66 % aus Frauen. Alles freut sich darauf, Gesicht und Hintern in die kleine Sonne der Swimmingpools und unter die großen Sunlights der marokkanischen Nachtclubs zu strecken. Ich wiederhole: Alle waren fröhlich, nur ich nicht. Fröhlich darüber, den grauen Norden zu verlassen und mit Kollegen oder Freunden vom gleichen Kaliber unter außergewöhnlichen Umständen zusammenzusein. Alle waren gut drauf und drin, außer mir, dem ewigen Außenseiter. Vielleicht war ich out. Niemand schien mich zu beachten. Irgend etwas in mir stieß mich selber ab und verbot mir, irgendein Urteil über irgend etwas zu fällen oder gar zu handeln, den Lauf der Dinge mitzubestimmen. In etwa so, als ob ich seit Tschangs Tod bestimmte Rechte verloren hätte. Nach Auschwitz mußten selbst die am wenigsten Schuldigen erschüttert, verwirrt und verkrampft sein und eine bestimmte Unschuld verloren haben. Durch Tschangs Tod hatte ich meine Unschuld verloren, meine Jungfräulichkeit.

Die Silhouette von Magic Johnson

Ich war die muskelbepackte Vestalin des republikanischen Pantheons, die streitbare Amme der Kinder der untergegangenen Arbeiterklasse, ein unbeleckter Dummkopf, der als Basketballspieler eingesetzt wurde, mit der Silhouette von Magic Johnson und der Verschlagenheit des Katers Sylvester, in der Lage, Augiasställe auszumisten und Mülleimer auszuleeren und den Dreck dieser verfaulten Welt wegzuräumen, und ich Obertrottel steckte überall meine Nase rein und war nicht mal fähig, mir den Hintern abzuwischen oder einen Jugendfreund zu retten, der zwei Schritte von mir entfernt Hilfe brauchte. Ich war auf der Seite der Schwachen, der Unterdrückten, der Opfer und der Chancenlosen, aber immer cool, mein Schatz, auf der richtigen Seite der Straße, nahm die Sachen, ohne mir viel draus zu machen, ohne mich einzuschließen, mit meinem Gesöff auf der Theke und der fetten Soße auf dem Teller, mit meinen Schweinsfüßen à la Schwachkopf und meinem kleinen Viertel in einem braven Paris der Vergangenheit, in dem sich alle kannten und wo die Geschäftsleute freundlich waren, wie geht's heute morgen, M'sieur Pulp? Ein echtes Dorf, eine gemütliche Heimat, die vor rührseliger Einmütigkeit nur so triefte. Ich war kein Zorro, ich war der echte Superdupont, der Franzose, wie er im Bilderbuch steht. Ein Tim Maulheld ohne Struppi. Ein ewiger Jüngling, ungefickt. Aber, bei allen verdammten kurzgeschorenen Kopffüßlern, der wahre moderne Abenteurer ist nicht der Forscher, der Detektiv oder der Familienvater, sondern der Lohnabhängige. Er ist der Desperado. Er läuft immer Gefahr, seinen Job zu verlieren. Er ist der Willkür der internationalen Konjunktur preisgegeben, dem Almauftrieb des Kapitals, den Unbilden der politischen Witterung. Einerseits sagt man ihm, so ist es nun mal, das ist die globale Krise, eine Welt im Umbruch, Pech, wenn du kein Glück hast. Und andererseits verlangt man von ihm, innovativ zu sein und erfinderisch, sich als Teil zu begreifen und die eigene Aufgabe dem Unternehmen, dem großen Zusammenhang unterzuordnen. Ich war umgeben von sechzig solcher Abenteurer, die zu einem Seminar aufgebrochen waren und an deren Spitze Leo und die Eroberer des Qualitätsvergnügens standen, und mir wurde bewußt, daß ich mich immer für einen großartigen Helden, einen marginalen Verfechter von Recht und Gesetz gehalten hatte. Im Grunde gab es keinen größeren Fascho als mich. Es gibt keinen größeren Faschismus als das Heldentum. Helden waren nicht weit von Henkern entfernt. Helden sind die Henker der anderen. Ich sollte noch viel mehr das Leben von Jetsun Milarepa studieren, und als erstes sollte ich all meine Kräfte und vor allem all meine Schwächen dafür einsetzen, ein anständiger Kerl zu werden, der nicht immer an allem herummäkelte. Bei genauem Hinsehen trifft man auf der Straße mehr Helden als anständige Leute. Leo, der nichts von einem anständigen Kerl an sich hatte, sondern eher ein Arschloch war (und ich könnte einiges von den Aufregungen seiner bisexuellen Jugend erzählen, als er sich für Ziggy Stardust hielt), Leo hatte sich also neben mich gesetzt und redete seit fast zwei Stunden, ohne daß eines seiner Worte die Schwelle meines verstopften Ohrs überschritten hätte. Ich war zufrieden damit, Frankreich zu verlassen. Ich hatte mich selbst verlassen, und ich sah mich völlig abgetrennt, Pulp zwischen zwei Meeren, zwischen zwei Bieren, mit zwei Kalbsköpfen, das legendäre Tier, das sanguinische Monster, das Schwein, das heilige Ferkel, mit einem Fuß à la Sainte-Scolasse, schlechtes Feuilleton, *alas, poor Derrick*. Wahnsinn.

«Du brauchst nicht traurig sein», sagte Leo. «Tschang war kein Heiliger. Und du bist auch keiner. Aber Tschang war verrückt, du bist es nicht, nicht so sehr wie er.»

«Ich weiß», antwortete ich. «Ich bin ein Haufen Scheiße.»

«Dreh bloß nicht durch, nicht hier, nicht jetzt.»

Ich legte meinen großen Kopf auf Leos Knie. Er trug *Habit Rouge* von Guerlain. Er erzählte den anderen, den Neugierigen, ich hätte eine chronische Ohrenentzündung, daher meine schlechte Laune und vor allem der unertragliche aktuelle Schmerz. Ich verstärkte mein Gejammer, jaul, jaul, wie ein kleiner Wüstenfuchs, der unter einem feindseligen Himmel verloren war, auuuhhh. Aber unter dem Himmel und auf Erden gibt es nichts Feindseliges außer dem Menschen, der nach Milliarden Jahren immer noch nicht kapiert hat, wie man lebt.

Pulp mit kurzen Armen

Am Flughafen erwarteten uns zwei Busse mit Klimaanlagen. Ich suchte Leos Blick. Ohne Leo war ich verloren. Wenn ein Typ oder eine Frau mich ansprach, um etwas Banales zu sagen, brauchte ich eine Weile, um zu verstehen und eine brauchbare oder humorvolle Antwort zu finden, die zur Situation paßte. Meistens waren sie schon wieder weit weg, während ich noch mit Worten und Sprachen kämpfte. Meine Wehleidigkeit war vorbei, ich wußte gar nicht mehr, was mit mir los gewesen war. Wahrscheinlich hatte ich tatsächlich eine chronische Ohrenentzündung, die mich im Flugzeug beschleunigt leiden ließ und am Boden meinen Verstand verlangsamte. Vielleicht lief mein Ohr aus, tränten meine Augen, und bald würde ich unter mich pissen und ausbluten und am Hintern leck werden und mich völlig verflüssigen, weil ich die Schnauze voll davon hatte, ein solider Typ zu sein. Ich hatte Tschang beerdigt, es war zu spät. Leo konnte gut ohne mich auskommen. Es war kein Heimspiel in diesem klimatisierten Reisebus inmitten einer fröhlichen und verschworenen Gemeinschaft von Angestellten (Durchschnittsalter dreißig bis fünfunddreißig). Ich hatte ihnen nichts beizubringen.

«Hast du den Typ gesehen, der uns nach der Paßkontrolle zugewunken hat?»

«Nein.»

«Braungebrannt, ganz in Weiß, mit weißen Mokassins und einer Warze über dem rechten Auge. Das war er. Dein Lude.»

«Wo ist er?»

«Im anderen Bus. Sieh mal rüber.»

«Ich sehe nichts, die Scheibe spiegelt.»

«Du wirst ihn später sehen. In der Nachttischschublade im Hotel wirst du eine Pistole finden.»

«Ich fühle mich völlig erschossen.»

«Das ist die Ortsveränderung, der Streß, all das, Gabriel. Du wirst eine kalte Dusche nehmen, du wirst mir die Freude machen, eine dieser dummen Puten anzumachen, und deine Lebensfreude wird zurückkehren. Zuerst springen wir natürlich in den Pool.»

Ich kann nicht besonders gut schwimmen, und das Wasser in Swimmingpools widert mich an. Der Bus war losgefahren, und nach und nach hatte die Stadt Konturen angenommen. Mich überkam eine Art Wohlgefühl. Dreißig Grad im Schatten, nicht viel Schatten, und der Geruch des Orients, das Licht des Südens, das alles ineinanderfließen ließ. Hier war ich den Bettlern näher als Tschang, die hiesigen Händler standen mir näher als die Angestellten, die ich begleitete. Der Staub des Jemma-El-Fna-Platzes war mir näher als das Reiterstandbild von Ludwig XIV. auf der Place des Victoires in Paris. Hier konnte ich mich damit zufriedengeben, nichts zu sein. Hier konnte ich nicht verstehen und verstanden werden. Es kam mir vor, als ob ich kürzere Arme hätte.

PULP und der Mord für Geld

Maroc around the clock

Zwei Tage Marokko, Spesen inklusive, und hunderttausend Francs Prämie, um einen angeblichen Zuhälter umzulegen. Ich hätte diesen Deal niemals akzeptiert, wenn er mir direkt angeboten worden wäre, aber ich handelte sozusagen aus zweiter Hand, ersetzte aus dem Stegreif meinen Freund Tschang, den Obdachlosen, der sich erschossen hatte, um in Schönheit, eingehüllt in Seide und den Duft von Frauen, zu sterben. Ich wußte eigentlich gar nicht so genau, warum ich Tschang verstehen oder ihm vielleicht nur ein wenig von meiner Zeit geben wollte, warum ich mich in seine Seele hineinversetzen und tun wollte, was er machen sollte. Zu Anfang von Kapitel XI («Die Einsiedelei und die Aufopferung für deine Nächsten») der Lebensgeschichte von Jetsun Milarepa heißt es: *«Meister, keine andere Erzählung kann Deine Geschichte an Wunderbarkeit und Spannung überbieten; und obwohl sie nicht eines gewissen Humors entbehrt, der einen zum Lachen bringt, ist sie insgesamt so erschütternd, daß man unweigerlich gerührt ist. Ich bitte Dich jetzt, uns von einigen Glücksmomenten zu erzählen.»*

Ich hatte mich mit einem Hotelboy herumgestritten, der mein Gepäck ins Zimmer bringen wollte und dem ich klarzumachen versuchte, daß ich ihn nicht bräuchte, bis ich endlich begriff, daß er mich brauchte. Ich war sein Job, sein Broterwerb, sein Überleben und das seiner Kinder. Im Zimmer, das für einen allein viel zu groß war, ließ ich mich gehen. Ich hieb auf meinen Reisesack und fing an zu schluchzen. Unter meinen Sachen war wie immer das Foto eines verliebten Paares in Badeklamotten. Ich hatte dieses verdammte Liebespaar seit ewigen Zeiten in meiner Reisetasche mitgeschleppt, und dieses verdammte Liebespaar waren meine Mutter und mein Vater, die 1965 auf einer baskischen Landstraße gestorben waren. Dort hatten sie mich verlassen, dort hatte ich sie verloren. Ich hatte sie vergessen und nicht einmal mehr ein geistiges Abbild unseres gemeinsamen Glücks. Ich erinnerte mich an Onkel Émile und Tante Marie-Claude, aber das war etwas anderes. Sie waren meine Adoptiveltern, ein weiteres Klagelied über vergangene Zeiten. Sie waren voll von einer Liebe, die nach Nikotin und Brombeermarmelade roch, deren Beeren ich im Gestrüpp einer anderen Zeit, einer anderen Außenwelt als heute sammelte. All diese Phantome, dieses Gestrüpp früherer Zeiten war verschwunden, hatte keine Dornen mehr. Selbst Pedro, mein alter Kumpel, der immer *no pasaran!* ruft, bevor er seine Siesta hält, mein wahrheitsbesessener Lügner, mein internationaler Brigadist, mein historischer Verarschter, selbst er wird nicht mehr viel weiter zurückreichen mit seinen mottenzerfressenen Erinnerungen, seinem Ehrenkodex, seiner geballten Faust und seinen nachträglichen Verklärungen. Er ist selbst schon eine Mumie, eine Wachsfigur aus dem Kabinett, eine Antiquität in verstaubter Vitrine, dieser Zeuge eines goldenen Zeitalters, dieser katalanische Anarcho für das Ökomuseum vergangener Heldentaten, dieses geschwätzige Phantom, diese verlorene Rettungsinsel, fett geworden und verschlafen … Erzähl uns doch mal was Erfreuliches, Meister Milarepa, Schluß mit den toten Eltern und den lebendig Eingemachten; von einem Renault durch den Wolf gedreht die einen, zermürbt vom alltäglichen Scheitern die andern. Aber ich bin nicht Milarepa, ich bin Lecouvreur Gabriel, der kleine Gabriel, der kleine Gibbon im fröhlichen Wald. Etwas Erfreuliches, nun gut, hier ist es. Jemand kam und stieß die Tür auf. Ich wandte ihm meine tränenfeuchten Augen zu.

«Anscheinend suchst du mich», sagte ein braungebrannter Mann, ganz in Weiß gekleidet, der wie ein Guru aussah und ein wenig an jemanden erinnerte, den ich zwar nicht kannte, aber irgendwo schon mal gesehen hatte. Und zwar auf einem Foto aus der Hinterlassenschaft von Tschang, im Selbstmord-Hotel oder im Leichenschauhaus.

«Ich suche niemanden», antwortete ich.

Die Tränen waren aus meinen Augen verschwunden, und mein Herz floß nicht mehr über. Mein Arm verlängerte sich bis zur Nachttischschublade, aus der ich eine 9-mm-Pistole zum Vorschein brachte, die ich auf den Hosenschlitz meines Gesprächspartners richtete.

«Kühl deine Eier im Schwimmbecken ab», schlug ich vor.

«Eine Knarre und sonst nichts. Du bist kein angehender Animateur. Aber was? Ein Auftragskiller? Oder ein vereidigtes Arschloch? Mach dir eine gute Zeit, Supermann, bleib zwei Tage da, wie geplant, spiel den Clown, schnapp dir ein paar Miezen, friß ein paar Hammelspieße, und kiff dir die Rübe voll, aber störe meine Kreise nicht. Ich bin ein Berater, nichts anderes. Genau wie Leo, nichts anderes, kapierst du? Ich mach meinen Job, Leo macht seinen Job, und du machst wahrscheinlich auch nur deinen Job. Ich tue niemandem weh, das kannst du mir glauben. Ich bin nicht bösartig. Meine Mama hat immer gesagt, es ist besser, in Lust zu machen als in Mitleid, und sieh da, ich mache in Lust und nicht in Mitleid. Viele beneiden mich, so sieht's aus. Eigentlich sollten sich diese Neidhammel schämen und nicht ich. Ich heiße Günther. Vielleicht werden wir sogar mal Freunde, wenn du begriffen hast, was der Sinn des Lebens ist und was die Menschen wert sind ... Ich respektiere dich, wenn du mich respektierst. Was hälst du davon?»

«Das klingt respektabel ...»

«Aber?»

«Ich respektiere gar nichts, seit einiger Zeit nicht einmal mehr mich selbst.»

«Schade», sagte der leinenweißgekleidete Zuhälter.

Er wirkte echt betroffen, allerdings eine Spur zu bemüht und allzu ehrbar. Dann klopfte er mir freundschaftlich auf die Schulter und stieß hervor: «Bis bald, Alter. Beim Begrüßungscocktail.»

Als er gegangen war, fiel mir auf, daß ich von der Glasfront meines Zimmers aus einen direkten Blick auf den Swimmingpool inmitten des touristischen Traumgartens hatte. Ich sah, wie Leo in das türkisfarbene Wasser eintauchte. Die Nacht senkte sich bereits herab. Das Wasser war klarer als der Himmel. Leo war genauso braungebrannt wie der angebliche Zuhälter Günther, und beide hatten feine, scharfkonturierte Muskeln, flache Bäuche und straffe Hintern. Sie waren keine plumpen Pulps oder melancholischen Gibbons. Sie wußten, wie man Tote verscharrt und Obdachlose verarscht.

PULP und der Mord für Geld

Erstaunliche Samantha

Ich hatte eiskalt geduscht und wollte Cheryl anrufen. Ich mußte unbedingt und auf der Stelle mit einer Pariser Frisörin reden, die außerdem noch Qualitäten als Masseuse und Kinderpsychologin hatte. Sie sollte mir den Kopf zurechtsetzen und mir in die Ohren brüllen, daß ich kein kleiner Junge war, der seine Mama verloren hatte, sondern ein unerschütterlicher Held, der keinen Zweifel kannte und schon in der Kindheit in einen Kochtopf voll kranker Ideale und verlorengegangener edler Sachen gefallen war und den man sich als glücklichen Sisyphos und strahlenden Pulp vorstellen mußte. Ich hatte die Nummer für die Außenleitung des Hotels und die Vorwahl von Frankreich gewählt, aber ganz Frankreich war besetzt. Im Gegensatz zu Marokko ist Frankreich immer besetzt. Bizness is bizness, time is money, lauten die Wahlsprüche bei uns. Es hatte an der Tür gekratzt, so wie Cheryl es zu tun pflegte, wenn es ihr in den Fingern juckte, und ich hatte die Pistole unter meinem Bademantel versteckt, der wie ein Lendenschurz aus der Südsee verknotet war. Es war Samantha. Samantha war extrem dünn und gebräunt, fast wie Orangenkonfitüre. Sie hatte mehr als schwarzes Haar, fast violett, und eisige, schmelzende minzfarbene Augen. Im Flugzeug hatte sie sich eine Viertelstunde neben mich gesetzt, um sich näher bekannt zu machen, hallo, ich bin Samantha, ich freue mich, daß Sie bei uns sind, Monsieur Tschang, wenn Sie etwas brauchen oder Lust auf etwas haben, fragen Sie mich, und dann hatte sie erzählt, wie sehr Ben einen Break benötigte, und sie hatte mich gefragt, woher ich Leo kenne, und ich hatte gesagt, daß alle auf der Schule Leo gekannt hatten, daß das zwanzig Jahre her sei und daß ich meistens seine Streiche gedeckt hatte. Leo sei schon damals ein Filou gewesen und ein Charmeur, und Samantha wollte wissen, ob Leo viele Flirts hatte und wie die kleinen Bräute, die kleinen Titten waren, und ich sah, wie mein Leo am anderen Ende des Flugzeugs an den Jackenknöpfen einer kleinen Stewardeß herumfummelte, während er grinsend in meine Richtung linste, und später wußte ich, daß Samantha die Tussi von Ben war, der der Chef des Ladens war, und daß Samantha aber etwas anderes war als das Schätzchen vom Boß, sie war ein As in ihrer Branche, dem Marketing, und auch in der Werbung, aus der sie kam, und sie hatte somit Bedeutung und ein Image. Cheryl hätte gesagt, Samantha sei eine stinkreiche Pseudoedelnutte, und Samantha hätte zu Cheryl gesagt, bringen Sie mir etwas zu lesen und einen Kaffee mit Süßstoff, während Giorgio mir die Spitzen nachschneidet, aber Cheryl war nicht im Zimmer und Samantha bereits im Badezimmer.

«Was machen Sie da?» fragte ich und wartete auf das Geräusch der Dusche.

Keine Antwort. Ich hörte klares Wasser herunterprasseln wie einen Aprilschauer.

«Was machen Sie?»

«Im Leben? Ich bin die Direktorin von Prétexte, unserer Mutteragentur», rief Samantha aus der Dusche, «das Wasser ist herrlich warm bei Ihnen, aber all das wird heute morgen beim Empfang noch erklärt. In meinem Zimmer ist das Wasser ganz rot. Unmöglich zu sagen, ob das Rost, Sand oder Blut ist. Gefällt es Ihnen bei uns? Zeigen Sie sich ein wenig.»

«Ich habe schon geduscht, und ich will keinen Streit mit Ben.»

«Ben hat mich schon nackt gesehen, verstehen Sie? Dann kommen Sie, um mich zu beschützen. Hier ist eine Spinne.»

«Ich habe eine Spinnenphobie», sagte ich und blieb auf dem Bett liegen.

«Sie ist weg, also kommen Sie, Ben ist nicht eifersüchtig, versichere ich Ihnen, Sie würden ihn beleidigen, wenn Sie so etwas denken. Er hat eine umfassende Paar- und Unternehmensphilosophie, bei ihm muß alles zirkulieren, die Ideen, die Reichtümer, die Informationen müssen fließen, kopieren, erneuern, initiieren, das ist Transversalität, verstehen Sie, und im Moment nimmt er seine kleine Morgenpfeife, pünktlich um sieben Uhr. Das ist paradox bei Ben, er ist schrecklich kreativ, geradezu revolutionär, und zugleich schrecklich häuslich. Finden Sie das nicht verrückt, diese Dichotomie?»

«Und Günther, kennen Sie Günther gut?»

«Hüten Sie sich vor ihm», rief Samantha lachend, «und kommen Sie endlich her.»

«Warum lachen Sie? Und warum soll ich mich hüten? Ist er so gefährlich?»

«Das kommt auf den Hintern an, er hat einen Schwanz wie ein Esel, sonst nichts, und er ist praktizierender Homosexueller. Haben Sie das nicht gemerkt?»

«Nein. Und Leo? Kennen Sie ihn schon lange?»

«Weniger gut als Sie. Und besser als Sie.»

«Das heißt?»

«Ich kenne ihn noch nicht so lange, und ich kenne ihn besser. Aber Sie, ich werde Sie nicht mehr länger Tschang nennen, Monsieur Pulp, ich möchte gern ihre Tentakel sehen. Ich komme. Wenn Sie wollen, können wir ein wenig rauchen, um uns zu entspannen. Ich habe alles, was man braucht, in meiner Tasche.»

«Man wird auf uns warten. Ich bin kein Tintenfisch, ich bin ein menschliches Wesen. Ich will nur meine Arbeit machen, verstehen Sie. Um acht ist der Empfang, der Begrüßungsdrink oder so was. Ich muß mich anziehen.»

«Ja, aber wegen der Zeitverschiebung haben wir noch eine Stunde Zeit, eine Freistunde, die nur der Lust gehört, die man sich in einer Stunde verschaffen kann. Man ist überdreht und auf Speed und in Streß und hetzt von Termin zu Termin, bis zur Überdosis, nicht wahr? Man explodiert, und man hat nicht mal die Zeit, das Leben zu genießen. Ich kann Ihnen viel Frieden geben, Gabriel.»

«Ich bin nicht Gabriel. Ich bin Tschang.»

«Tschang ist tot. Glauben Sie mir. Ich habe noch nie Liebe mit einem Pulp gemacht, aber ich habe schon Liebe mit einem Reptil gemacht, mit einer Schlange, einer Baby-Boa, absolut nicht giftig und so zärtlich. Ich ließ sie in die warmen und feuchten Stellen eindringen, aber ich mußte mich von ihr trennen, als sie zu groß wurde.»

«Sie sind eine erstaunliche Frau, Samantha.»

«Aber Sie, großer Pulp», sagte Samantha mit rauher Stimme, «sollen selber eine beachtliche Zahl von Eroberungen gemacht haben. Leo hat mir erzählt, daß Sie in der Schule den Spitznamen Mandrin (der Bohrer) hatten, nach dem populären Räuber, der die Steuergelder raubte und aufs Rad geflochten wurde, nachdem eine Frau ihn verraten hatte. Aber auch als Anspielung auf ihren phänomenalen Schwanz.»

«Sie scheinen Leo gut zu kennen.»

«Leo muß das Seminar für morgen vorbereiten, und wir, wir haben freie Bahn. Aber ich sehe schon, Sie sind ängstlich, angespannt. Ich werde Sie massieren, legen Sie Ihr Badetuch ab, und strecken Sie sich aus. Ich komme.»

Hinter der Fensterfront floh die blaue Nacht in den Himmel und verjagte die Wolken, die wie launische Kamelstuten aussahen. Jemand warf den Bademantel ab und sprang in das elektrischblaue Wasser des Schwimmbeckens, und ich erkannte Günther.

«Da ist Günther», sagte ich.

Und einige Sekunden danach sah ich, wie jemand aus dem elektrischblauen Wasser auftauchte, und ich erkannte Leo.

«Da ist Leo», sagte ich.

Samantha streckte sich nackt neben mir aus, aber ich hatte keinen Sinn für neckische Spielchen, ich starrte auf das elektrischblaue Wasser. Leo warf sich einen Bademantel um und verschwand aus meinem Gesichtsfeld. Günther kam nicht wieder zum Vorschein. Sein Bademantel lag immer noch am Beckenrand.

«Oft habe ich die Nase voll davon, *executive woman* zu sein», sagte Samantha, die mich unverzagt erregte.

Das Schwimmbecken lag verlassen und schweigend da. Kein Schwimmer, kein Fisch. Samantha fragte mich, ob ich es gern hätte, gelutscht zu werden. Ich dachte an Cheryl und ihre Lockenwickler, ihre Shampooings, ihre Kundinnen und den Pariser Winter. Ich hatte ein Auge auf dem Swimmingpool, das andere auf Samanthas Nacken, und eines dieser beiden Augen wandte sich zur Tür, als Ben, ohne anzuklopfen, eintrat und zu Samantha sagte, daß er seinen Terminkalender verlegt habe, und Samantha sagte zu ihm, er sei ein Dummerchen, der Terminkalender befinde sich in seiner Agutiledertasche.

«Aguti», sagte ich, «klingt ja ekelhaft.»

Ben ging, und Samantha entschuldigte sich für das Eindringen ihres Lebensgefährten.

«Er hat nichts gesagt», versetzte ich, «er hätte zumindest überrascht sein können.»

«Nein, wir waren es, die überrascht wurden, er hätte erstaunt sein können. Aber Ben ist nie erstaunt. Ben ist ein Genie, das ständig improvisiert und auf alles gefaßt ist. Er kann Ideen, Strategien und Überzeugungen wechseln. Er ist offen für die Komplexität der Welt und des Unternehmens. Das wirst du morgen sehen, im Seminar.»

Günthers Bademantel lag nicht mehr am Beckenrand.

«Eigentlich weiß ich gar nichts über dich», sagte Samantha. «Man könnte meinen, du trauerst um jemanden, du siehst so schlecht, so schwach aus, und ich hielt dich für stark und unsensibel. Du bist weniger ein Held als ein Träumer, großer Pulp.»

«*Der Träumer geht durch Zeit und Raum, gefolgt von einem seltsamen kleinen Hund, der seine verlorene Kindheit ist*, heißt es bei Raymond Grandjean, und ich habe nicht nur meine Kindheit verloren, ich verliere nach und nach meine Erinnerung.»

«Verstehe. Aber sieh mal, wenn du deine Erinnerung verloren hast, bist du wirklich erwachsen geworden.»

«Ja, und jetzt kann man mich begraben. Weißt du etwas über Tschang, den Jugendfreund von Leo und mir?»

«Nein, nichts. Willst du wirklich nicht, daß wir uns ein bißchen vergnügen? Ein kleiner Fick, *just for fun*. Wir hier in diesem Zimmer, weit weg von allem. Es gibt nur uns.»

«Nein, es gibt nur euch, ich bin ganz woanders, und ich weiß nicht, wo.»

«Immer diese Scheißintellektuellen», sagte Samantha und lachte zwanghaft und laut auf. Sie ließ ihre zweiundvierzig Kilo schwer aufs Bett zurückfallen und richtete ihren Blick gen Himmel, zur Zimmerdecke. «Ich dachte, ich finde einen Deckhengst erster Klasse, einen wohlgerüsteten Rambo, und ich finde einen weinerlichen und wehmütigen Poeten, einen ausgefransten, farblosen Hampelmann von Philosophen. Was ist das für ein Buch? Milarepa?» Sie schlug das Buch an irgendeiner Stelle auf. «*Mein Körper gleicht innen und außen einer Brennessel*. Hi, hi, genau wie bei dir, wer sich dran reibt, ist verbrannt. Pech gehabt, Monsieur Pulp, eine zweite Gelegenheit wird es nicht geben, und genaugenommen sind deine Arme gar nicht so groß. An dir ist überhaupt nichts groß.»

Als sie gegangen war, hatte ich die Terrassentür geöffnet und mich dem elektrischblauen Wasser des Schwimmbeckens genähert. Es war niemand da, und die Morgenluft war noch frisch. Ich sah, wie sich die verschiedenen Salons und Speisesäle mit der Hammelherde der Hotelgäste füllten. Als ich mich dem Wasser näherte, glaubte ich rote Schlangen und Blutstropfen zu sehen. Ich schickte mich an, ins Wasser zu gleiten, und fühlte mich von einer Hand an der Schulter zurückgehalten.

«Halt», sagte Leo. «Du wirst gebraucht. Es ist Zeit für die Begrüßungsdrinks und die Toasts. Ich werde dich als einen echten Guru vorstellen, du hast zwar schon eine erleuchtete Fresse, aber versuche, die Wirkung zu dosieren. Morgen kannst du anhand eines Buches improvisieren, das ich dir geben werde. Ich habe ihnen erzählt, daß du bereits mit Toscani für Benetton gearbeitet hast und daß du einer von Godards Assistenten in seiner postmaoistischen Phase warst. Erzähl ihnen von Yi King, Popol Vuh, vom Tao, vom Bardo Thödol und von Samsara. Samsara kennen die Tussis schon, so heißt ein Parfüm von Guerlain. Sie werden darauf einsteigen, und danach kommst du zum Körperlichen, zur Gebärdensprache, zum Spektakulären, zu Urschreitherapie, Yogifliegen, Vertrauensbildung und so weiter ... Scheiße, was sagte ich gerade?»

«Da, an deinem Ohr, da ist Blut.»

«Ich hab mich beim Rasieren geschnitten.»

«Du hast dich nicht rasiert.»

«Man kann sich nicht gleichzeitig schneiden und rasieren. Du gehst mir auf den Geist, Gabriel, ich hab das Gefühl, daß du mir den letzten Nerv töten willst.»

«Leo, ich will heute abend meine Knete haben.»

«Ich hab die Hunderttausend nicht da. Du hast kein Vertrauen, Gabriel, ich hab das Gefühl, daß du kein Vertrauen zu mir hast, kein Vertrauen zu unserer Männerfreundschaft.»

«Männer? Wieviel kannst du denn lockermachen? Fünfzig Mille?»

«Du bist hart im Geschäft und in der Liebe. Wenn ich in die Kasse greife, krieg ich vielleicht Fünfzigtausend zusammen. Das heißt, ich muß sie mir leihen. Die Knete ist eigentlich für die Araber bestimmt. Eine Geschichte mit den Steuern. Heute abend, wirklich?»

«Sonst mache ich morgen den Kurs nicht, und ich erfülle meinen Vertrag nicht. Leo, ich verstehe nichts von gar nichts. Wer ist hier gut, wer böse? Am liebsten würde ich nach Hause fahren.»

«Sonntag abend sind wir alle wieder zu Hause. Was willst du, geht es dir hier nicht gut? Warum mußt du mir ausgerechnet hier Depressionen machen? Warum schnappst du dir nicht eine von den Miezen, warum trinkst du nicht ein paar Gläser mit den anderen? Und heute abend gehen wir alle zum Tanzen in Araberdiskos, wo es heiße, glutäugige Marokkanerinnen gibt ...»

«Glutäugige Marokkanerinnen? Steht das im Reiseführer?»

«Schlaukopf. Ich wußte gar nicht, daß du so empfindlich bist. Im Grunde deines Herzens bist du eine Zimperliese. Du wirst doch nicht auch noch schwul werden?!»

«Wieso auch?»

PULP und der Mord für Geld

Fantasia für Arme

Nachdem ich eine Hose aus Rohleinen und ein indisches Hemd angezogen hatte, folgte ich Leo barfuß zur Empfangshalle. Ich wohnte der Präsentation von neuen Firmenelementen und der Gastdozenten bei. Ein kleiner Springbrunnen machte Lärm. Auf einem Tisch war ein Büffet aufgebaut. Kalte Getränke, Aperitivs, Cocktails und orientalische Leckereien. Das Licht schimmerte goldfarben. Samanthas Haut schimmerte goldfarben. Jetzt verspürte ich eine wilde Lust auf sie. Ich weiß nicht, was in diesem Moment mit mir geschah, ich war in einer schlechten Phase, weggetreten, völlig neben der Tasse. Ich wurde als letzter vorgestellt. Ben sagte drei Worte über mich – oder vielmehr über Tschang –, aber diese drei Worte sagten weder etwas über Tschang noch über mich. Nichts Richtiges. Aber die gesamte Zuhörerschaft applaudierte, weil es so üblich war, und je schneller man applaudierte, um so eher ging es an die Drinks. Da ich reglos hinter Leo aufgepflanzt blieb, zupfte Samantha mich am Ärmel. Auch ich mußte drei Worte sagen. Mein Outfit sprach bereits für mich. Ich zog unter dem Hemd meinen Milarepa hervor und deklamierte:

«Meine Schwester Peta, höre mich, Du, die Du in den Begehrlichkeiten dieser Welt versunken bist,

Der goldene Zierat an der Spitze deines Sonnenschirms als erstes;

Der Saum aus chinesischer Seide an den schillernden Falten als zweites;

Die wie die üppigen Federn eines Pfaus gespreizten Kragenstäbchen als drittes;

Der mit rotem Teakholz auf Hochglanz polierte Ärmel als viertes;

Wenn du diese vier Dinge begehrst, so kann sie dir dein älterer Bruder beschaffen,

Aber das sind weltliche Dinge, und ich habe sie gemieden,

Und dank meiner Entsagung leuchtet meine Sonne der Glückseligkeit in vollem Glanz.«

«Gut», sagte ich, «die einen mögen heute abend meditieren, die anderen mögen tanzen gehen, diejenigen, die mit mir in Liebe zusammensein wollen, sind in Zimmer 813 willkommen, vorausgesetzt, ihr Herz ist rein, und den anderen schlage ich vor, daß sie die Leiche suchen.»

«Welche Leiche?» fragte Ben, denn in seiner Eigenschaft als erleuchteter Manager hatte er immer als erster das Recht aufs Wort.

«Es gibt immer eine Leiche zu suchen», antwortete ich, «oder einen Schatz, das ist ein und dasselbe. Morgen werden wir vergleichen: unsere Leichen, unsere Schätze, unsere schönen Schlachten, unsere weiblichen oder männlichen Eroberungen, unsere Erinnerungen und unsere Zukunftspläne. Vielen Dank an alle und eine gute Nacht. Tobt euch aus!»

Ich bin kein guter Redner, und ich brauche keine Hörerumfragen. Ich weiß sofort, ob ich erbärmlich, schlecht oder brauchbar war. Ich hatte mich selbst überboten, ich war ein echter Kommunikationsstifter gewesen. Die Ansprache als solche war mir scheißegal, aber sie bedeutete Vertrauen, Rückkehr zum Wachstum, Vollbeschäftigung meiner Lebensgeister: Sieh da, Pulp, du hast sie doch. *Standing ovation*, zwangsläufig, die ganze Bande tanzte vor dem Büffet. Samantha küßte mich voll auf den Mund, Leo klopfte mir auf den Rücken, und Ben schenkte mir ein zufriedenes Lächeln. Meine Leistung wurde gewürdigt, ich war kein aus dem Mund stinkender Nichtsnutz, kein hochmütiger Außenseiter, kein ungeselliger Geselle, kein schlechter Dienstleister, ich war ein feiner Kerl, der nicht mit dem Kopf durch die Wand geht, sondern seine Aktien richtig einsetzt, seine kleine Markt-Zahnlücke. Meine Stimme war klar und fest. Meine Botschaft war sybillinisch. Und morgen war ein anderer Tag.

«Wo ist Günther?» fragte ich.

«Ja, wo ist Günther?» fragte auch Ben.

«In der Stadt», sagte Samantha. «Er trifft den Anwalt von Ali, wegen der Veranstaltung morgen abend.»

«Wer ist Ali?» fragte ich.

«Ein größenwahnsinniger Gastwirt», meinte Leo. «Er bietet ein Menü mit Live-Attraktionen an, mit Hunderten von kabylischen Tänzern und Tänzerinnen, danach ein Feuerwerk und dann eine Fantasia mit Hunderten von arabischen Pferden und Kamelen und Bauchtänzerinnen und fliegenden Teppichen. Das ist keine Fantasia bei den Armen, sondern für die Armen.»

«Und die Armen sind wir», meinte Samantha lächelnd. «Und unser Herz ist rein. Aber ich bin noch ‹in den Begehrlichkeiten unserer Welt versunken›. Stell dir vor, Ben, Monsieur Tschang hat sogar mein Willkommensgeschenk zurückgewiesen.»

Ich zog eine bedauernde Grimasse in Richtung Samantha, die mir ein Zeichen machte, das heißen mochte, ich könne mich selber ficken, und Ben hatte ein bösartiges kleines Grinsen für Samantha und dann ein bösartiges kleines Zucken in meine Richtung, das heißen mochte, ich könne mich von ihm ficken lassen. Ben, Günther, Samantha, Leo, Tschang und ich. Wer war wer? Und wer versuchte hier wen zu ficken? Ich war wieder angriffslustig, mein Spürsinn war wieder erwacht, die Pupillen waren weit offen, die Geschmacksnerven aktiv, der Schließmuskel war gestählt, und der Schwanz lag auf der Lauer. Ich würde mich nicht ficken lassen, ohne einige andere zu ficken. Ich hatte einen Anfall von Schwermut gehabt, aber das war vorbei. Ich hatte Lust, Cheryl anzurufen und ihr zu sagen, daß jetzt alles in Butter war. Aber sie hatte weder gewußt noch gesehen, daß es mir so dreckig gegangen war. Cheryl stand fest mit beiden Beinen im Frisörsalon und pflegte zu mir zu sagen: Solange du keine Glatze hast, Gab, brauchst du dir keine Sorgen zu machen.

Die Logik der Vertrauensbildung

Sonnabend, neun Uhr morgens. Die Augen des Mannes, der im großen Salon des Hotels Semiramis sprach, hatten die Farbe des Schwimmbeckens. Und diese Transparenz entsprach auch seiner Rede. Ben war kaum vierzig Jahre alt. Bevor er seinen globalen Marketingladen gegründet hatte, war er ein Sunnyboy gewesen. Er hatte konjunkturelle Rückschläge erlebt, eine Steuerprüfung, war an einem Konkurs vorbeigeschrammt, hatte der Katastrophe ins Auge geschaut, und heute herrschte er mit samtiger Faust über gut sechzig Angestellte. Seine Entwicklung und die seiner Firma schien an einem Punkt zu sein, wo es galt, sich vor dem Betreten einer gefährlichen Stadt voller Fallgruben vor den Toren zu sammeln und seine Truppen zu mustern, seine Männer und vor allem seine Frauen zu zählen, denn es waren ja hauptsächlich Frauen. Alle waren da und bei bester Gesundheit. Ben gab keine Befehle, er schlug Entscheidungen vor.

Ich hatte Günther nicht gesehen, aber dank Leos Effizienz war ich seit Tagesanbruch um fünfzigtausend Francs reicher.

Die Kollegen stellten sich ausführlich vor, auch wenn sie sich schon kannten, als hätte man sich zufällig in einem Seebad oder irgendeiner Großstadt getroffen, weit von der Heimat, weit von den alltäglichen Gepflogenheiten entfernt.

Der Laden war eine Firma für Marketingberatung

und Kommunikationstraining. Eine Ansammlung von Individuen und besonderen Konstellationen. Die unterschiedlichsten Typen! Der eine las Comics von Edika, und die andere erwartete im Juni ein Kind; der eine hatte schlecht geschlafen, und die andere war tanzen gegangen; der eine fürchtete sich, und die andere war voller Hoffnung; der eine wußte nicht, und die andere glaubte zu wissen, und dieser oder jene lag daneben.

Ich hatte Günther immer noch nicht gesehen.

Ben war redegewandt und heiter, witzig und leutselig. Diese Gesellschaft war nicht seine Familie und überhaupt keine Familie, auch keine demokratische Versammlung, kein religiöser Orden und keine Armee, und Ben hatte nichts von einem Hohenpriester, einem Häuptling, geistigen Führer oder Familienvater. Und entgegen dem Anschein und der großen weiblichen Mehrheit war diese Gesellschaft auch kein Frauenhaus oder Harem, und Ben wollte seine Umgebung nicht verführen. Er hatte eine große Überzeugungskraft. Er setzte sich nicht durch: Man folgte seinen Vorschlägen. Er konnte zuhören. Sein Benehmen war angenehm, geschmeidig, lächelnd, von fast zärtlicher Höflichkeit, was die Klarheit seiner Rede eher noch betonte, als ihr zu widersprechen. Jenseits seiner unternehmerischen Vision hatte Ben durchaus eine Weltanschauung, und diese Weltanschauung war von seiner Unternehmensphilosophie geprägt.

Inmitten der sechzig Angestellten hatte ich ein Auge auf Ben und das andere auf den leeren Stuhl von Günther gerichtet. Ich war wirklich weit weg vom Pied de Porc und seinen Schweinsfüßen. Ich sagte mir, daß Ben etwas auf dem Kasten hatte. Und wenn mich nicht das Glück mit Onkel Émiles kleiner Erbschaft gesegnet hätte, wäre ich wahrscheinlich nicht besonders abgeneigt gewesen, auf der Gehaltsliste dieser Freunde der transversalen Kommunikation zu stehen. Sie waren kein Privatclub, sie hätten mich nicht ausgeschlossen.

Die Transversalität stand im Mittelpunkt der Unternehmensphilosophie, darüber hinaus definierte sich die Agentur durch Kundennähe, Logik der Vertrauensbildung (und somit Ablehnung von Gewaltverhältnissen), globale Herangehensweise an vorliegende Probleme, Intervention auf unterschiedlichen Märkten durch den Vergleich von Expertisen, des weiteren durch Variabilität, sprich die Möglichkeit, die Abteilungen je nach dem Problem des Kunden umzugestalten, und nicht zuletzt durch das Streben nach *leadership* mittels globaler Annäherungsweisen und die Bildung einer einzigen kulturellen Familie.

«Der Ausgangspunkt unserer Gruppe ist keine Technik und auch keine Lehre, sondern ein sich entwickelnder Gedanke», sagte Ben. «Und wenn das Wort Bewegung einen Sinn hat, sind wir eine Bewegung.»

Zu seiner Rechten stand Leo, die Augen hinter einer Sonnenbrille verborgen, und zu seiner Linken strahlte Samantha in einer goldverzierten weißen Uniform, hypergeschminkt, hypergebräunt und hypernuttig, und ich bedauerte, daß ich sie am Tag zuvor nicht gefickt hatte. Es war tatsächlich nicht mein Tag gewesen.

PULP und der Mord für Geld

Nicht der Zweifel macht verrückt

Ich betrachtete die Gesichter der zuhörenden Frauen und Männer. Schon in der Schule, im Theater, im Konzert und in der Messe hatte ich, wenn ich denn überhaupt dorthin ging, nicht den Vortragenden angesehen, sondern das Publikum, und der Vortrag wurde zweitrangig. Ich bemerkte leichtes Gähnen, Kaugummis, Lächeln, Zustimmung, hochmütiges Nicken, Grimassen, verkniffene Gesichter, Nägelkauen, ausgezogene Schuhe, juckende Nasen, sich neckende Nachbarn, Albernheiten und gute Laune.

«Was heute richtig ist, wird morgen überholt sein», sagte Ben, «man braucht zwar Ratschläge, muß sich aber nicht unbedingt daran halten. *Nicht der Zweifel macht verrückt, sondern die Gewißheit,* sagte Nietzsche. Und was den Wahnsinn betrifft, war Nietzsche Fachmann. Macht und Kompetenz liegen nicht im Besitz des Wissens, sondern in seiner Übermittlung. Wenn Sie Ihre Zeitung heute nicht weiterreichen, wer soll sie dann morgen lesen?»

Die Wörter und Ideen reihten sich so perfekt aneinander, daß sie eine kleine orientalische Musik bildeten, einen lasziven und zuckersüßen Singsang, der mich schläfrig machte. Ich hatte meinen Blick wieder auf den leeren Sitz von Günther gerichtet.

Dann wurde jede Abteilung vorgestellt, und der jeweilige Leiter mußte seinerseits ein paar Worte sagen, und während all dieser Zeit dachte ich an den Hintern von Samantha. Dieser Hintern war ein Mysterium, ich hatte ihn gesehen, ohne ihn zu sehen. Mit einer weißen Hose bekleidet, schien dieser Hintern niemals existiert zu haben. Man sah ihn nicht, weil Samantha so mager war. Aber alle haben einen Hintern, selbst Samantha, und ich hätte meine Nase näher an ihn heranbringen sollen, Zunge und Finger hineinstecken sollen und dann den Schwanz. Ich hätte keine Angst haben sollen, in dieser Grotte auf Abenteuer auszugehen, auch auf die Gefahr hin, daß die Wände gewackelt hätten – und Leo stieß mich in den Rücken in Richtung Podium.

«Nun gut», sagte ich, «ich hatte einige amüsante, aber recht traditionelle Übungen vorbereitet, die mir bei Ihnen nichts zu bringen scheinen, so wie ich Sie während dieser Zusammenkunft erlebt habe. Daher schlage ich vor, daß wir direkt zu einem Spiel übergehen, das zum zweiten Teil meiner Aufgabe gehört. Ich hatte schon erwähnt, daß es darum geht, einen Schatz oder einen Gegenstand zu finden, der besonders ungewöhnlich oder bezeichnend für das Unternehmen ist, aber ich bin zusammen mit Günther auf eine andere Idee gekommen. Er hat sich irgendwo versteckt, und es geht darum, ihn zu finden.»

Alle Blicke suchten Günther.

«Er ist nicht in diesem Raum», fuhr ich fort, «aber er kann im Hotel sein, in einem anderen Hotel, in der Stadt, in der Medina, im Souk, in der Wüste, im Gebirge oder auch in einem Flugzeug. Sie sollen das herausbekommen, Sie, die Sie Günther kennen. Bitte bilden Sie Vierergruppen, die von 1 bis 16 durchnumeriert werden. Bilden Sie möglichst schnell Ihre Gruppen. Günther wartet irgendwo auf uns.»

Ich sah, wie sich mehrere hübsche junge Frauen verängstigte Blicke zuwarfen.

PULP und der Mord für Geld

Ein geistiger Dinosaurier

Ich hatte zusammen mit Samantha und Leo eine Kutsche genommen. Ben mußte im Hotel bleiben, um ein wichtiges Treffen mit dem Leiter der Wafabank in Casablanca vorzubereiten. Dorine, eine Kursteilnehmerin, die ihre Freundinnen aus den Augen verloren hatte, hatte sich uns angeschlossen. Ich hatte Lust auf ein Bier unterhalb der Medina.

«Ich finde das prima mit uns vieren hier», sagte Leo.

«Ich mag die Langsamkeit dieser Kutschen und das Geschaukel. Erinnerst du dich, Tschang, wie wir auf der Schule die kleinen Tussis durchgeschüttelt haben? Kaum jünger als Dorine, scheint mir, und mit ebenso kleinen Titten wie sie. Was sagst du dazu, Dorine?»

«Nenn mich nicht Tschang», sagte ich. «Ich hab Lust auf ein Bier. Dieser Scheißgaul stinkt.»

Je schneller er ging, um so mehr furzte er. War es besser, langsamer zu gehen oder schneller anzukommen? Als die Kutsche am Jemma-El-Fna-Platz ankam, hätte ich am liebsten gekotzt. Natürlich fielen Dutzende von Führern über uns her. Wir mußten einfach einen nehmen, der uns einen Weg durch die anderen Führer bahnte, indem er auf sie eindrosch. Der Führer hatte wirklich keinen anderen Nutzen, als die anderen Führer zu verscheuchen. Über dem Platz hing gelber Staub, in dem sich das Licht brach. Der Platz hatte strenggenommen nichts Schönes, aber er war groß, stank nach Pferdemist, Diesel und verbleitem Benzin. Er war eine Lichtung vor dem Souk und den engen Gassen der Medina. Keiner von uns hatte Lust, auch nur irgend etwas zu kaufen, einen Affen in den Arm zu nehmen oder sich eine Schlange um den Hals wickeln zu lassen. Und die Hammelkutteln waren auch nicht eben verlockend.

«Suchen wir nicht Günther?» fragte Dorine.

«Suchst du nicht Günther?» fragte ich Leo.

«Samantha, suchst du nicht Günther?» fragte Leo.

«Klimatisierte Latschen?» fragte ein Händler.

«Diese Stadt ändert sich absolut nicht», sagte Leo. «Morgen gehen wir ans andere Ende der Stadt, ins Viertel der Gerber. Da sind nicht so viele Leute.»

«Wollen wir nicht gleich dorthin?» fragte Dorine.

«Hier sind zu viele Leute. Ich mag diese Leute nicht. Ich mag es nicht, wie die Männer mich anstarren.»

«Ich hab Lust auf ein Bier, ein gutes Flag», sagte ich. «Ich hab keine Lust, durch die glühende Hitze zu marschieren. Sag mal, Leo, hast du eine Ahnung, wo Günther ist? Wie du weißt, hab ich noch etwas mit ihm zu regeln.»

Leo stieg die Treppe zu einem Café hinauf, wir folgten ihm und landeten auf einer Terrasse über dem Platz, den Dächern und den Zelten des Souk. Leo zog mich am Arm bis zum Geländer, zeigte mir die Dächer, Zelte und Minarette und versicherte mir, daß Günther irgendwo dort sei.

«Wie hat dir heute morgen Ben gefallen?» fügte er hinzu.

«Ben? Bemerkenswert gut strukturiert, kohärent und mitreißend. Und unendlich *clean*, mit seidiger, wattierter Haut und untadeligem Hemdkragen. Was soll ich dazu sagen? Er ist etwa in meinem Alter, und ich komme mir neben ihm wie ein geistiger Dinosaurier vor. Er ist bereits im dritten Techno-Zen-Jahrtausend und bereitet die Landepiste vor. Was hat er mit Samantha zu tun?»

«Nichts. Sie sind seit langem befreundet. Was die Arbeit betrifft, ergänzen sie sich hervorragend. Sie haben unterschiedliche Erfahrungen und ähnliche Adreßbücher. Und sie hat die Hosen an. Hast du ihren kleinen, strammen Hintern gesehen?»

«Ich habe nichts gesehen», sagte ich. «Ich denke seit heute morgen an nichts anderes als ihren Hintern, ich hab sie nackt gesehen, und ich kann mich nicht an ihren Hintern erinnern. Bist du sicher, daß sie einen hat?»

«Du wirst schon noch Gelegenheiten kriegen, ihn

zu sehen. Es ist wunderbar hier auf dem Dach. So stelle ich mir das Glück vor, auf einem Dach stehen, auf einer Terrasse oder einer Veranda, und sehen, wie der Nachmittag vergeht oder wie es regnet, oder einfach nur warten, auf irgend jemanden warten, auf einen Boten vielleicht, der uns amüsante Neuigkeiten bringt. Aus der Ferne die Musik und das Geschrei hören und eine neue Runde Bier bestellen. Schauen, nah sein und doch unberührbar. Nicht angespuckt werden oder mit Steinen beworfen aus der gleichgültigen Menge. Den Anblick und den Duft des Lebens haben, ohne sich mit seinen Widrigkeiten herumschlagen zu müssen. Ich glaube, die Kolonialisten haben damals das Paradies gefunden. Die Hippies der 60er und die Rucksacktouris der 70er Jahre haben dieses Kolonialparadies gesucht, aus psychedelischen Gründen, hochherzig. Und auch alle Ferienclubs auf der ganzen Welt haben nichts anderes zu bieten, ein Gestade der Freude, das sich an einem Ozean des Schmerzes auftut, so als gäbe es zwei Sonnen, eine, die verbrennt, und eine, die verwöhnt. Oder ist es das Leben, das manche Leute verbrennt und andere verwöhnt? Mich hat das Leben verwöhnt. Und dich auch, Gabriel. So ist es nun einmal, ob du willst oder nicht. Du hast deine Erbschaft und deine kleinen Vorteile, du hast einen gewissen Ruf in deinem Viertel und in deinem ‹Job›, du bist im richtigen Land zur Welt gekommen, du hast dein gutes globales Gewissen, du weißt, du stehst auf der richtigen Seite. Du hast deine schlechten Träume, um einige Zweifel zu nähren, aber du bist nicht Tschang. Du läßt dich nicht vom Leben unterkriegen. Du bist ein Herr, kein Revoluzzer, kein Arbeiter, kein Ganove. Du läßt allen die Freiheit zu tun, was du willst, du manipulierst dein Umfeld, auch du. Du stehst auf der

Seite der Reichen, auch wenn du ihnen den Rücken zukehrst. Du bist kein Mülleimer-Mensch, kein Hund-Mensch. Du brauchst Günther nicht umzulegen. Man wird ihn bald tot finden. Du kannst zu deinen Gewißheiten zurückkehren.»

«Kann ich in der Zwischenzeit mein Bier trinken? Eines Tages wirst du mir schon erklären, welches Spiel du spielst.»

Günthers Lächeln im Bottich

Als ich eine Etage tiefer die marokkanische Menge im Staub und in der Hitze des Südens sah, dachte ich an unsere europäischen Industrieländer mit ihren Lohnabhängigen und an Cicero, der zweitausend Jahre vor der allgemeinen Verbreitung der Lohnarbeit geschrieben hatte, daß man die Tätigkeit derer, die ihren Fleiß und ihre Mühe verkaufen, als etwas Niedriges und Schändliches ansehen muß, denn wer seine Arbeitskraft für Geld weggeben würde, verkaufe sich selbst und versetze sich in den Stand von Sklaven. Und hat Paul Lafargue in *Das Recht auf Faulheit* nicht jenen seltsamen Wahn kritisiert, der die Arbeiterklassen jener Nationen befiel, in denen der Kapitalismus herrschte: die Liebe zur Lohnarbeit. Die Herrschaft der Lohnarbeit wird bald vorbei sein, und es wird nur noch unabhängige Arbeiter und Arbeitslose geben, aber keine verschämten und frustrierten Arbeitslosen, sondern Müßiggänger, Faulpelze, Anhänger der Sinnenfreude, großartige Menschen. Tschang hatte dieses goldene Zeitalter der Ausrottung der Zwangsarbeit nicht abgewartet. Und ich verkaufte meine Mühe, meine Zeit und mein kleines Know-how an Leo Spitz. Gewiß, ich war kein Lohnempfänger, ich war nur unter Vertrag, ein Söldner. Aber trotzdem. Ich hatte für Geld eine Arbeit zu erledigen, ich hatte die Hälfte der Summe eingestrichen, und es sah so aus, als hätte jemand anderes, vielleicht ohne Bezahlung, diesen Job erledigt. Als sei ich eine Hure, die ihr Geld einkassiert hatte und den Kunden nicht leerzupumpen brauchte, weil eine kleine Amateurlutscherin ihn schon gratis zum Abspritzen gebracht hatte. Aber eigentlich verstand ich nichts. Ich blickte nicht mehr durch. Ich war nicht einmal in der Lage, mich zu fragen, ob ich überhaupt jemals etwas durchschaut hatte. Mein Hobby war ein Bolschewistenflugzeug, das den Bürgerkrieg in Spanien mitgemacht hatte, sozusagen eine Maschine zur Rückkehr in die Vergangenheit. Ich aß Schweinsfuß, Kaldaunenbratwurst, saftige Steaks und Kutteln mit Lammfüßen aus dem Aveyron. Meine Freundin war eine Frisörin ohne Getue und Flausen im Kopf, die eher an Suzy Delair in *Der Mörder wohnt Nr. 21* von 1942 erinnerte als an eine virtuelle Puppe aus den Cyberdelirien der Multimediawelt. Ich beurteilte die Welt und die Leute nach einer äußerst künstlichen Werteskala, und es war kein Zufall, daß mein IQ und mein Pariser Leben im 11. Arrondissement der Tischler, Klempner und Installateure angesiedelt waren. Ich stand auf Kriegsfuß mit der etablierten Ordnung, aber im Grunde war ich stinkkonservativ und höchst reaktionär. Ich sehnte mich nach einer Zeit, in der ich nicht gelebt hatte. *Casablanca*, der Film. Ich dachte an diesen Film, an diese Epoche, an den Krieg, an Schwarz und Weiß, eine marokkanische Stadt, die in Hollywood-Manier rekonstruiert worden war. Es gab nur wenig Araber in diesem Film. Die Araber waren schlichtweg zu vernachlässigen. Und waren sie nicht auch hier und jetzt nur eine anonyme Masse? Ich fühlte mich immer nutzloser, aber all diese flüchtigen Gedanken, diese unwillkürlich auftauchenden, naiven, vergeblichen und schnell verblassenden Assoziationen, diese kleinen Luftblasen, die mir als undeutliche Zweifel durch den Kopf schossen, trugen dazu bei, in mir aufzuräumen. Wir stiegen wieder in die Kutsche, fuhren um den Club Med und die Kutobija-Moschee herum und an den roten Wällen der alten Königsstadt entlang bis zu einem Parkplatz für Taxis und Kutschen in der Nähe eines Tores. Ein Führer ließ uns aussteigen und führte uns durch kleine, weiße, glühendheiße Gassen bis zu einem uralten, sagenumwobenen und wunderschönen Viertel, in dem es entsetzlich stank. Das Viertel der Gerber. Der Führer, in grauer Dschellaba und Pantoffeln, schnell, lebendig, aber für einen Führer recht wortkarg, verteilte Minzblätter, die wir uns in die Nasenlöcher steckten, so daß wir wie appetitlich verzierte Hammelköpfe aussahen. Wir landeten auf einem kleinen Platz mit Dutzenden von offen in der Sonne liegenden Bottichen, in denen Schafshäute eingeweicht und gewässert wurden. Sie stanken, aber sie stanken weniger als die Lauge in den Bottichen, insbesondere die Lauge aus Taubenkot im letzten, wo einem kotzübel wurde, wo es einen schüttelte und wo bereits die Polizei war. Und ein kleiner Auflauf von Gerbern. Die Zeugen? Es gab einen Mann, der den Körper entdeckt hatte, der ihn als erster gesehen hatte, und dann den, der ihn mit einem Stock und einem Haken an den Rand des Bottichs gezogen hatte, und dann den, der ihn mit großer Mühe herausgezogen hatte, und all diese Männer hatten ihren Namen und ihren Beruf und ihre Adresse im Gebirge oder in der Stadt angegeben, und da war Ben, der im Hotel benachrichtigt worden war, und der Leiter des Hotels und vier oder fünf Leute von der Agentur, zwei Teams höchstens, darunter das siegreiche, das Günther als erstes gefunden hatte. Er war völlig nackt, stank wie die Pest und war mit gräulichem Schleim beschmiert, aber er lächelte, der Idiot.

«Er ist tot», sagte ich zu Leo.

«Damit mußte er leben.»

Das war alles, was Leo zu sagen hatte. Dann füllten sich seine Augen mit roten Tränen, liefen über, und er kotzte auf sein Hemd und seine Mokassins, weil diese verdammte Taubenscheiße so entsetzlich stank.

«Was hab ich hier zu suchen?» meinte ich noch.

«Mach's wie ich», würgte Leo heraus, «kotz.»

Nach Günther

Ich nahm Leo am Arm, und wir marschierten durch fauliges und stinkendes Wasser aus dreiundvierzig Bottichen, die dreiundvierzig Gerbern gehörten, bis wir es wagen konnten, die Minzblätter aus unseren Nasenlöchern zu ziehen und in einen kochendheißen Tee zu werfen. Leo wollte für seine Mutter eine Tasche aus Ziegen- oder Schafsleder kaufen.

«Wer hat Günther getötet?» fragte ich abrupt, während der Händler in seinem schwach vom Licht der Straße erleuchteten Kramladen achtundfünfzig völlig verschiedene Taschen auspackte, die alle wohlfeil waren.

«Vielleicht ein armer Schlucker von hier, jemand, den du nicht kennst. Für eine Handvoll Dirhams, ein verdammtes Bakschisch, ein Almosen.»

«Warum? Ich wurde dafür bezahlt, es zu tun.»

«Du hättest es nicht gemacht, oder du hättest es schlecht gemacht. Ich ließ dich aus anderen Gründen herkommen.»

«Und Tschang?»

«Tschang und du, da ist kein Unterschied.»

«Das ist das Beste, was ich in diesem Moment hören kann. Sag diesen netten Satz noch mal.»

«Tschang und du, ihr seid ein und dieselbe Scheiße, aber ihr seid meine verdammte Familie.»

Leo hob eine Tasche vom Boden auf und hielt sie mir unter die Nase.

«Riech mal. Ziege, Ziegenbock, Tier. Ich liebe Gerüche. Ich mochte den Geruch der Taubenscheiße in den Bottichen. Und ich liebe alle Düfte Arabiens. Ich verkaufe Kommunikation, nichts als heiße Luft, sagen manche. Aber das ist falsch, denn was ich verkaufe, ist geruchlos. Luft ist immer parfümiert, trägt den Frühling oder den Herbst, enthält immer ein Geheimnis, eine Botschaft, und ich habe keine Botschaft, die so wichtig wäre wie die, die die Luft heranweht. An dem Tag, an dem ich Tschang angesprochen habe, nachdem ich lange gezögert und mich vor dieser Begegnung gefürchtet hatte, gab es einen kalten Wind, der sich durch den Regen stahl, wie ich mich erinnere, und dieser Wind bringt mich manchmal zum Zittern, wenn ich nicht darauf gefaßt bin. Ich mag keine Kälte, Gabriel. Tschang und du, ihr seid meine verdammte Familie. Ich habe keine Vergangenheit, keine Spuren, keine Wurzeln außer euch. Ohne euch ist mir kalt.»

«Tschang ist für immer kalt, und das macht mich fertig.»

«Ich konnte nicht ahnen, daß er so reagieren würde, so radikal. Das hatte ich nicht auf dem Schirm. Ich hoffe, er ist auf seine Kosten gekommen, bevor er sich die Kugel gegeben hat, daß der Koks gut war, die Nutten heiß und der Champagner eisgekühlt. Weißt du, er hat mich nicht wiedererkannt. Du sagst, ich habe mich nicht verändert, aber Tschang hat mich nicht wiedererkannt. Ich weiß, daß ich mich verändert habe. Manchmal habe ich den Eindruck, gut zu leben, ich habe Erfolg, ich gebe Geld aus, ich treffe Leute, aber ich fühle mich immer mehr allein. Ich hab niemals wirklich von mir gesprochen, seitdem wir uns vor drei Tagen wiedergetroffen haben, aber ich fühle mich sehr einsam. Ich habe Angst davor, allein zu bleiben. Und eigentlich habe ich auch nichts, was mir gehört. Ich lebe zwar nicht von der Hand in den Mund, aber doch beinahe, wie ein Gaukler, ich bin ein Gaukler des Unternehmertums, des Busineß, und schlafe in Viersternehotels. Aber ich fühle mich ebenso obdachlos wie Tschang und wie du, der keinen Chef, keine Zwänge und keine Wohnung hat. Aber die Zeit ist auf unserer Seite, und das Leben besteht nur aus Zeit, nicht wahr?»

«Das Leben besteht nur aus Unzeiten.»

«Ich versuche, irgend etwas nur für mich zu finden, Gabriel. Ich brauche ein wenig Knete, und ich werde sie kriegen. Dann kann ich meinen Traum verwirklichen, und das ist ein alter Traum. Ich hab dir noch nie davon erzählt. Kennst du Ouarzazate?»

Das Hohelied

«Ouarzazate und sterben, sagt der Dichter.»

«Ben ist ein Oberarschloch. Man weiß nie, was er denkt. Ben, Günther und ich waren Verbündete. Etwa so wie damals Tschang, du und ich. Nichts hat Bestand. Vor allem nicht die Freundschaft.»

«Und Samantha?»

Leo starrte mich an und nahm meine Hand. Seine Hand wurde feucht und begann zu zittern, fiebrig.

«Samantha? Sie ist schön, wie schön sie ist. Ihre Augen sind wie Tauben, ohne das, was in ihnen verborgen ist. Ihre Haare sind wie Ziegenherden vom Berg Galaad. Ihre Zähne sind wie eine Herde geschorene Schafe, die aus dem Waschhaus kommen und die alle eine doppelte Frucht tragen, und es gibt keine Unfruchtbaren unter ihnen. Ihre Lippen sind wie ein Streifen Scharlachstoff, und ihre Rede ist lieblich. Ihre Wangen sind wie ein halber Granatapfel, ohne das, was innen verborgen ist. Ihr Hals ist wie der Turm Davids, der zusammen mit den großen Straßen gebaut wurde: Tausend Schilde sind an ihm aufgehängt und die besten Waffen. Ihre Brüste sind wie zwei junge Rehkitze, die unter den Lilien weiden, bis es Tag wird und die Schatten weichen. Ihre Lippen sind wie ein Sonnenstrahl, der den Honig destilliert; Milch und Honig sind unter ihrer Zunge, und der Duft ihrer Kleider ist wie der Geruch von Weihrauch. Sie ist wie ein geschlossener Garten, sie ist ein verschlossener Garten und ein versiegelter Brunnen, ein Lustgarten von Granatäpfeln mit edlen Früchten, Cyperblumen und Narden; Narde und Safran, Kalmus und Zimt mit allerlei Bäumen aus dem Libanon finden sich dort ebenso wie Myrrhen und Aloe mit allen besten Würzen. Und ich bin es, der sie fickt, Gabriel, ich ficke sie.»

Leo war hin und weg, völlig übergeschnappt, er lachte und weinte zugleich, während er meine Hand knetete.

«Und welche Rolle spielte Günther dabei?»

«Günther! Das ist etwas ganz anderes, Günther war bisexuell, er hat vier Mädchen aus der Firma auf den Strich geschickt. Ihm ist es gelungen, vier ordentliche kleine Praktikantinnen, die ein wenig bescheuert waren, auf den Strich zu schicken, das kannst du dir nicht vorstellen. Er hat ihnen das Blaue vom Himmel versprochen, und letztlich haben sie ihm ihr Bestes gegeben. Er hat sie zu Schwanzlutscherinnen und Mädchen für alles gemacht, das kannst du mir glauben. Er war nur als Freund von Ben in der Firma, als Jugendfreund, etwa so wie wir. Sie haben angefangen, mir das Fell über die Ohren zu ziehen.»

«Irgend etwas stimmt bei dir nicht, Leo. Was hast du wirklich vor?»

«Ich will mich mit dir zusammentun, Gabriel. Deshalb hab ich Kontakt zu Tschang aufgenommen. Durch Tschang konnte ich dich wiederfinden, und ich wollte, daß wir ein Trio infernale bilden, ein Team. Drei Brüder. Nun gibt es nur noch uns beide, und das ist auch gut. Wir werden sie ficken.»

«Wen? Ich will ja gern ficken, aber ich würde gern wissen, wen?»

«All diese Arschlöcher. Günther, Ben. Die Werbung, das Marketing, die Arbeit, die Clubkrawatten und die Anzugclowns und die geklonten Treffen und die kleinen Frühstückmeetings und die bescheuerten Brainstormings und die Kübel voller Taubenscheiße, vor denen man wie ein Tanzbär herumhüpfen muß, bis man Zugang zum Glück kriegt. Die Revolution muß bei der Vervollkommnung des Glücks Halt machen, sagte Saint-Just, und ich bin noch weit davon entfernt, ich muß Köpfe abschneiden. Hilf mir.»

«Du bist krank. Ich fahr wieder nach Hause.»

«Das darfst du nicht. Und das kannst du auch nicht. Du hast kein Zuhause.»

«Ich geh zu meiner Freundin.»

«Zu Cheryl?» meinte Leo mit widerlichem Grinsen.

«Du kennst sie?»

«Natürlich kenn ich Cheryl, schon seit der Schule, so wie du, aus der Rue Saint-Bernard, ja, Cheryl, Tschang, du und ich, wie bei den drei Musketieren.»

«Hast du Cheryl wiedergesehen?»

«Die geile Cheryl!» stieß Leo hervor und klopfte mir auf die Schulter.

PULP
und der
Mord für Geld

Don't play with him

Leo hatte Cheryl getroffen, und mir fiel der Himmel auf den Kopf.

«Sei nicht eifersüchtig», setzte Leo wieder an, «erzähl ihr lieber vom *Hohenlied*. Was glaubst du denn? Daß sie dich verehrt, daß sie dir gehört, daß sie auf dich wartet wie die Frau auf den Seemann? Nichts gehört irgend jemandem, Alter. Nichts mehr. Keine Arbeit, keine Frau, kein Haus, keine Familie und keine Zukunft, nichts mehr. Alles gehört allen, ist im gemeinsamen Topf, was dir gehört, gehört mir und umgekehrt. Das ist der Preis des Glücks. Vor allem in Marokko, in oasenhafter Glückseligkeit ... Wir werden Götter sein, Gabriel, Cheryl, Samantha, du, ich, Tschang oder sein glückliches Phantom ... Ben muß jetzt getötet werden, er ist ein Hindernis, eine Mauer, auf die man sich nicht stützen darf. Er hatte sich mit Günther zusammengetan. Er will Samantha nicht loslassen, denn sie hält den Laden in Gang. Die Hoden hat sie. Die Knete, das ist sie. Als der Laden kurz vor der Pleite stand, hat sie Kohle reingesteckt. Die Frau ist echt genial. Ben ist ein Haufen Scheiße. Vor zehn Jahren hat er sich um die *Public Relations* des Königs von Marokko gekümmert. Schon damals mit Günther, der für die kleinen Expertinnen zuständig war. Ben ließ sich einen Palast am Rande von

Ouarzazate bauen. Ein Paradies auf Erden, eine Oase des Glücks, Gabriel.»

«Du willst ihm seine Frau und sein Paradies abnehmen?»

«Genau.»

«Ohne mich.»

«Sei kein Idiot. Ich hab dich in der Hand. Alle haben gesehen, wie Günther gestern abend in dein Zimmer gegangen ist. Wenn man das Personal der Agentur verhört, kann niemand scharf darauf gewesen sein, Günther umzulegen. Weder in Günthers Unterlagen noch in seinem Hotelzimmer finden sich die Namen der kleinen Gelegenheitsnutten, die er abschöpfte, der kleinen Callgirls, die er hier und da rekrutierte, unter den Mädels, die Arbeit suchen oder eine ABM haben oder vom zweiten Bildungsweg kommen, keinen festen Job haben, verstehst du. Der Hintern ist die Goldmine der Armen, wie Céline sagte, und das ist verdammt richtig. Aber in Günthers Koffer aus Seehundfotzenleder, da liegt ein Foto, ein Foto von Cheryl. Fehlt nur noch der Eifersüchtige ...»

«Das macht keinen Sinn.»

«Frag Ben. Er ist ein echter Marketingprofi, er verkauft das Foto von deiner Maid garantiert richtig. Pulps pulpöses Luder im Koffer eines Luden.»

Ich hatte keine Lust mehr zu schachern. Ich dachte an Cheryl, brauchte sie, mußte sie schützen. Ich mußte sie anrufen. Ich hatte das Bild von Günther in der Lauge vor Augen, mit diesem idiotischen Grinsen. Ich hatte den Geschmack von Taubenscheiße und von Minzblättern in Hals und Nase. Mit geschlossenen Augen durchquerte ich das Labyrinth des Souk zum Jemma-El-Fna-Platz, wo ich ein Taxi zum Hotel nahm. Ein Simca 1000.

Im Taxi fiel mir auf, daß ich eine Schlange um den Hals hatte und ein Berberhalsband und klimatisierte Pantoffeln in meinen Taschen, und ich warf alles aus dem Fenster zu den Verkäufern, die mich schimpfend verfolgten. Im Hotel angekommen sah ich, wie Dutzende ratlose Mitglieder unserer kleinen Reisegesellschaft aus Boulogne in der Halle und auf den Bänken miteinander tuschelten. Polizisten und Journalisten waren auch da. Das gesamte Spektakel und Tohuwabohu eines bevorstehenden Medienereignisses. Ich ging zu dem Mädchen, das für internationale Telefongespräche zuständig war, und rief im Frisörsalon und in der Wohnung von Cheryl an, aber vergeblich. Im Salon erfuhr ich aus dem Mund einer Shampooneuse, daß Cheryl Krankenurlaub genommen hatte. Auf dem Anrufbeantworter in der Wohnung hieß es, man könne sie im Frisörsalon erreichen. Ich ging in mein Zimmer, um nachzudenken. Kurz danach klopfte es an der Tür. Durch die Fensterfront sah ich, wie ein schwarzer Athlet ins türkisfarbene Wasser des Schwimmbeckens hechtete. Dieser schwarze Athlet machte mir Lust, und ohne mich um das verstärkte Klopfen an meiner Tür zu kümmern, zog ich mich aus. Mit einer schlichten Badehose bekleidet, sprang ich in dem Moment über das Balkongeländer, als meine Zimmertür explodierte. Drei Polizisten mit gezückter Waffe stürmten herein, gefolgt vom Hoteldirektor. Ich tauchte zuerst in die Büsche ab, dann kroch ich zum Beckenrand und glitt ins Wasser. Aber im Wasser war schon ein vollständig bekleideter Mann, und dieser Mann war Ben, der reichlich Blut verlor. Der schwarze Athlet stand mit in die Hüfte gestemmten Armen auf dem Sprungbrett. Sein erschreckter Blick schien mich vor einer Gefahr warnen zu wollen.

«He, you, this man is dead. Don't play with him.»

Ich begann im Wasser derartig zu zittern, daß es Wellen, Wogen und Geplätscher gab. Der schwarze Athlet half mir heraus. Er riet mir, reinzugehen und mir einen Pullover zu holen. Aber mein Zimmer, my bedroom, war von Bullen befallen, und ich sah einiges Unheil voraus. Denn es wurde dunkel, im Wasser schwamm ein toter Mann, und ich stand wie ein Idiot in einem kleinen Pantherslip im Minipalmenhain des idiotischen Hotelgartens. Ich versuchte, den schwarzen Athleten zu überreden, mir seine trockenen, weiten und gut geschnittenen Klamotten zu leihen oder zumindest sein flauschiges weißes Badetuch, aber nix. Ich zuckte mit den Schultern und schickte ihn schlafen, indem ich ihm meine Handflächen wie zwei Zimbeln an die Schläfen knallte, tsching bum.

Der Herkules-Club

Bum. Mit einem gewissen Vergnügen zog ich seine Klamotten an, verließ den Dunstkreis des Hotels und ging zum Treffen mit der Abenddämmerung. Ich wollte ein bescheidenes kleines Hotel in der Medina suchen und dort ein, zwei Nächte verbringen, um wieder zur Besinnung zu kommen, wie es so schön heißt. Leo hatte mich in die Scheiße geritten, das war mir von Anfang an klar, aber ich hatte Lust gehabt, mich in die Scheiße reiten zu lassen, mich verarschen zu lassen, so wie Tschang Leo verarscht hatte und wie Leo Tschang und mich verarschen wollte. Der einzige, der niemanden verarschte, war ich, und ich fragte mich, wem Cheryl ihren Arsch hinhielt. Ich war gehörnt bis auf die Knochen. Aus einer Telefonzelle rief ich im Hotel an und fragte nach Leo Spitz, aber Leo Spitz war nicht da.

Man stellte mich zu Samantha durch. Sie sagte mir, daß alles ganz schrecklich sei, völlig unglaublich, nein, oh, Ben, das kann doch nicht sein, was ihm zugestoßen ist, da im Schwimmbecken. Sie bat mich, ihr zu sagen, wo Leo sei. Ich sagte ihr, daß ich weder etwas von Leo Spitz noch von Mister Spock wüßte, daß ich niemals einen Freund dieses Namens gehabt hätte und daß ich nicht an Freundschaft glaubte. Sie sagte mir, daß sie heute abend gegen neun Uhr im Mamounia sein würde. Allein. Sie fügte hinzu, wie allein sie sich fühle, oh, Gabriel, wenn du wüßtest, wie scharf ich auf dich bin. In den Taschen meiner weißen Leinenklamotten, die ich einem schwarzen Athleten am Rande des Hotelschwimmbeckens abgenommen hatte, fanden sich einige willkommene verknitterte Geldscheine, Dollars und Dirhams. Leinen und Dollar knittern edel, aber galt das auch für das Linnen eines schäbigen Hotels? Ich hatte Lust, mir die kleine Mama Samantha vorzunehmen, aber nicht auf die sanfte Tour. Ich wußte nicht genau, welche Rolle sie spielte, aber ich würde sie dazu bringen, das gesamte Repertoire einer Diva des Marketing- und Kommunikationsbetriebs zu singen, ich würde ihr ihre kleine kommunizierende Röhre füllen. Ich versuchte Cheryl zu erreichen, vergeblich. Die Nacht brach über dem Jemma-El-Fna-Platz herein, und die gelben Laternen sogen den Staub und die Dämpfe auf, und ein graugelber Dunst legte sich über die Geschöpfe und Dinge und das fliegende und kriechende Ungeziefer. Der Eingang zur Medina sah aus wie der einer gespenstischen Höhle. Würde ich in dieser Höhle Cheryl, Leo, Samantha und die Gespenster von Günther, Ben wiedertreffen und vielleicht sogar Tschang, der aus der Unterwelt zurückgekehrt war? Am Eingang der Höhle war ein sehr junges Mädchen mit dichten roten Haaren, das mich bat, mit ihr zu kommen und ihren Hintern zu ficken, aber bei genauerer Betrachtung handelte es sich eher um einen sehr jungen, gutgebauten Mann. Der schwarze Athlet hatte mir zwar Präservative in seinen Taschen hinterlassen, aber ich hatte weder Lust, mich zu schützen, noch eine kleine Nummer mit diesem Epheben zu schieben, diesem Erebus, Sohn des Chaos und Bruder der Nacht, der mich einlud, auf seiner *wild side* zu tanzen. Ich wimmelte ihn ab, drang in die Gassen des Souk ein, aber der kokette kleine Marokkaner folgte mir und bot hübsche Dinge zum Rauchen unter Freunden an. Ich hatte keine Freunde, hatte nie welche gehabt und glaubte nicht an die Freundschaft und erst recht nicht an die Liebe. Die Wahrheit der Liebe oder der Freundschaft war Verrat, und ich war bedient, war von allen Seiten verraten worden. Trotzdem war ich früher glücklicher gewesen, als man noch auf seine Freunde zählen und sich sein Lager aussuchen konnte. Die Indianer gegen die Cowboys, die Linken gegen die Faschos, man brauchte nur eine Strategie festlegen, sie fertigmachen, eine Politik, *no passaran*, Überzeugungen kundtun, Nazis verdreschen, Rassisten zeigen, wo's langgeht, die Pfaffen gefressen haben, ohne daß die Gefahr bestand, daß die Faschos sympathisch, die Rassisten intelligent und die Pfaffen keusch waren. Jetzt hätte ich gern eine Witwe und einen Waisen gerettet. Am liebsten die Witwe eines Märtyrers und einen linken Waisen, und mein rothaariger kleiner Marokkaner zog mich erneut am Ärmel, um ein Bakschisch zu verlangen. Als ich sagte, er solle sich zum Teufel scheren, beschimpfte er mich als *nadine mouque*, als alte Vettel, ich hatte bereits von dieser Nadine gehört. Bei diesem Wort lud man mich zu einer «Oasenparty» ein, in der Nähe von Ouarzazate, in einem Nachtclub namens «Hercul-es», wo bei das *cul*, der Arsch, besonders betont wurde. Man sagte mir, ich solle mit Cheryl kommen. Ein Muezzin heulte in meinem Kopf. Ich sah mich nach dem kleinen Marokkaner um, aber er war verschwunden. Zwei verschleierte Frauen liefen mir über den Weg und gönnten mir einen Blick aus ihren schwarzen Samtaugen. Sie waren viel zu schnell verschwunden. Wunder gab es überall. Keine Indizien, keine Beweise. Es existierte vielleicht nichts außer der Nacht. In einer Stunde sollte ich Samantha im Mamounia treffen. Ich suchte mir kein Hotel für die Nacht. Ich rief Cheryl an, geriet aber nur an ihren Anrufbeantworter, auf dem ein Fetzen orientalischer Musik von Nusrath Fateh Ali Khan erklang. Ich legte auf, ohne eine Nachricht zu hinterlassen. Leider hatte ich nicht meine erbauliche Bibel dabei, das Leben von Jetsun Milarepa, welcher die lebenden Götter in der Stadt der Großen Erlösung gefunden hatte, wo unbeschreibliche Glückseligkeit herrschte. Und zugleich hatte er das Vierfache Prinzip der Unsterblichkeit erreicht und entwickelt. Aber der schwarze Athlet hatte mir nichts Derartiges hinterlassen. So setzte ich mich auf eine Dachterrasse und wartete, bis es Zeit war, Samantha zu treffen. Ich dachte, ein Typ wie Milarepa hätte mich irgendwie anders aus der Affäre gezogen.

PULP und der Mord für Geld

Auf dem Weg zur Stadt der Großen Erlösung

Ein alter Typ hatte sich zu mir an den Tisch gesetzt. Er hatte eine gewisse Ähnlichkeit mit Tschang. Natürlich hatte ich Tschang fast zwanzig Jahre nicht mehr gesehen, und es mag schwierig erscheinen, eine Ähnlichkeit zwischen einem achtzehnjährigen französischen

Schüler und einem etwa sechzigjährigen arabischen Erzähler herzustellen, aber ich war derartig durch den Wind, daß ich die beiden Gesichter übereinanderlegte. Beide waren arm, Bettler und Nomaden, die niemanden brauchten. Sie lebten jenseits des Schreckens der Welt. Die Schönheit der Welt war ihnen scheißegal. Sie hatten ihre alte, mit Ungeziefer versyphte Unterhose am Hintern kleben, und deshalb krümmten sie sich zusammen und zogen Grimassen, aber der Vorübergehende sah nur ein leichtes Lächeln und einen graziösen Schlangentanz. Der alte Araber hatte einen alten Hund, und ich erinnerte mich an den alten Hund von Tschangs Eltern. Das war genau so ein ekelhaftes Biest. Der alte Mann begann, eine Zeitung zu kommentieren, und betonte die Übereinstimmung der Ansichten des Journalisten mit seinen eigenen, die er mit krächzender Stimme vor sich hin murmelte, so daß er zwanzig Zentimeter von seinem zahnlosen Mund kaum zu verstehen war. Der Generalstab der Zollbehörde, angefangen bei seinem Leiter Ali Ammor und seinem Vorgänger Hamad Hokaimi, würde sich bald mit zwanzig hochgestellten Komplizen vor dem Gericht ihres Landes wiederfinden, da sie alle der Schmuggelei und der Steuerhinterziehung schuldig seien. Der Innenminister selbst, Driss Basri, wollte diesen windigen Geschäften ein Ende machen. Er hatte bereits kleine Dealer, große Drogenhändler, internationale Zuhälter, Direktoren von marokkanischen, französischen und multinationalen Firmen, Großhändler und korrupte Polizisten und Zöllner gefaßt. Als ich den Namen Ahmed Hamza hörte, machte es Klick in meinem Kopf. Ben hatte diesen Namen heute morgen kurz vor der Versammlung erwähnt. Er wollte ihn nach seinem Treffen mit den Managern der Wafabank in Casa treffen. Er hatte ihn nicht getroffen. Ahmed Hamza war ein verantwortliches Mitglied der Antischmuggelkommission, und die Justiz war ihm auf den Fersen, wegen Steuerhinterziehung, Schmuggelei und Bestechlichkeit. Die meisten Männer, von denen mein Greis sprach, waren hohe Beamte und Würdenträger des Regimes. Wenn Ben einer der Marketingberater seiner Hoheit des Königs selber war, mußte er sie zweifellos eines Tages treffen. Das waren sicherlich Leute, mit denen man prima Geschäfte machen konnte, während man dem Regime von Hassan II. ganz offiziell einen Sinn und ein Image verkaufte. Die Zeitung sah eine Katastrophe voraus und fürchtete ein politisches Erdbeben, vergleichbar mit dem, das vor zwei Jahren die Anklage und die Verurteilung des allmächtigen Kommissars Tabet ausgelöst hatte, des Leiters des Verfassungsschutzes in Casablanca, der wegen der Vergewaltigung von mehr als fünfhundert Frauen hingerichtet wurde. «Man hat einen Mann erschossen, aber die Vorgehensweise der Institutionen wurde nicht in Frage gestellt», fügte mein politologisch geschulter Bettler hinzu. Bei seinen Worten mußte ich wieder an Tschang denken. An den Vater von Tschang, mit einem ähnlichen Hund. Ein Hund mit einem Fell, das sich feucht anfühlte, selbst in der trockenen Jahreszeit. Es war offensichtlich, daß Ben, Günther, Leo, Samantha und sonstige Berater mit den Bestochenen Geschäfte gemacht und sie ihrerseits bestochen hatten und daß es für alle Welt einen Platz an der Sonne gab. Vor allem wenn die Welt im Schatten bleiben wollte. Anders gesagt, für diejenigen, die im Winter nicht auf dem Boulevard Jean-Jaurès in Boulogne-Billancourt vor Kälte schlottern wollten, gab es im marokkanischen Süden Oasen der Zuflucht. Ben, Günther und Leo ähnelten sich derartig in ihrem hochherrschaftlichen Auftreten als Konsultanten, als Ko-Sultane, in ihrer oberflächlichen Achtung der vorhandenen Ordnung und in ihrer vollendeten Kunst, die sie ernährenden und beschützenden Institutionen zu verarschen, daß sie sich mehr als die Butter aufs Brot verdienen konnten. Der Arsch der Milchhändlerin, die Sympathie des Milchhändlers, dazu die Molkerei, die Milchkühe, die Dreckschweine und die goldenen Eier, alles war wie für sie gemacht, weil sie es verstanden, einen politischen Schwachkopf zum Schlaukopf oder eine kriminelle Industrie populär zu machen. Sie waren die neuen Doktoren Goebbels, neben denen sich der Gefolgsmann Hitlers ausnahm wie Nosferatu im Alcazar. Der alte Bettler hatte seine Zeitung aufgeschlagen und sich an meinen Tisch gesetzt, und sein alter Hund schlief zu meinen Füßen, und ich hörte, wie Tschangs Stimme fragte, wo sein Hund geblieben sei. Dieser alte Bettler wäre wohl kaum ohne seinen Hund losgegangen, ohne zu wissen, wohin sein Hund ging. Niemand hatte sich um Tschangs Hund gekümmert. Mir schien, wenn ich überhaupt etwas Nützliches auf dieser Erde vollbringen konnte, wenn ich überhaupt etwas für Tschang tun konnte, dann nicht, ein ganzes Marketingserail von patentierten Arschlöchern über den Haufen zu schießen, sondern seinen Köter wiederzufinden. Die Leos und die anderen schlauen Papageien bumsten beherzt die gesellschaftliche Basis und schwafelten von Leistung, während Tschang sich Gefühle, Leidenschaften und Instinkte geleistet hatte bis zum pipi kaka bumbum Schluß. Der alte Bettler zeigte mir einen Stern am Himmel über der Dunsthaube des Jemma-El-Fna-Platzes, über der wogenden Menschen- und Sandmenge, über ausgeglühten Kohlegrills und unterdrückten Schreien. Es ging mir schon wieder besser auf meinem Dach, etwa wie einer Laus auf einem Kopf. Ich dachte an all die blöden Affären, die ich aufgeklärt hatte, ich hatte, verdammt noch mal, genug für verlorene «gute Sachen» gemacht, für die leidende Menschheit, ich hatte das Recht, mich auszuruhen. Knete war mir schon immer egal, sie war immer vom Himmel gefallen, sobald ich vierzehn Tage mit nichts als Löchern in der Tasche irgendwo rumhing. Ich hatte die Schnauze voll davon, stinkende Affären aufzuklären, um meinen kleinen Anteil zu kriegen, meinen Diener zu machen, den Stutzer, Betrüger und Hellseher zu spielen, den Anwalt eben, den Speichellecker. Unrecht zu beseitigen ist kein Beruf, sondern eher so etwas wie Gott oder der Weihnachtsmann. Ab einem bestimmten Alter hat man das Recht, nicht mehr daran zu glauben oder nur noch so zu tun, für die Kinder und die Unglücklichen, für alle, die an bessere Tage und den unvermeidlichen Sieg des Guten und der Gerechtigkeit glauben müssen. All diese Scheiße in den Augen. Nach dieser Nacht würde es wieder einen Tag geben und nach diesem Tag eine weitere Nacht. Das ist der Lauf der Zeit, die Zeit ändert sich nicht, und ich befand mich in meiner marokkanischen Nacht wie ein Schiff in der Wüste, das auf einen Gewitterregen wartet. Aber ich brauchte kein Sturmgetöse, sondern einen wohltuenden Regen, einen weiblichen und sanften Regen. Ich schloß die Augen und lächelte vor mich hin. Als ich wieder aufblickte, sah ich, daß mein ehrwürdiger Bettler auch lächelte. Er stand auf, verabschiedete sich, zahlte seinen Kaffee und verließ die Terrasse in Richtung Norden. Ich ging nach Süden. Nichts konnte mich daran hindern, das Land der Großen Erlösung zu finden. Mein

Weg ging durch den dunklen und geheimnisvollen Hintern von Samantha, durch die Rückseite der Dinge und die Kehrseite ihres scheinheiligen Antlitzes.

Der heilige Abstinenzler

Ich kam vor Mitternacht beim Mamounia an und stieß auf einen niedergeschlagenen Vizekonsul aus Westindien, der auf einer Steinbank in einem kleinen grünen Garten saß, in dem ein kleiner Springbrunnen aus Tausendundeiner Nacht sprudelte. Der schlappe dicke Diplomat gab mir ein kleines Heft und bat mich, ihm eine der abgedruckten Fragen zu stellen. Er hatte tatsächlich einen regelrechten Fragebogen, der im Hospital der Johns-Hopkins-Universität, Baltimore, MD, benutzt wurde, um festzustellen, ob ein Patient Alkoholiker war oder nicht.

1. Ist das Trinken ein Grund dafür, daß Sie bei der Arbeit fehlen?

2. Macht die Tatsache, daß Sie trinken, Ihre Familie unglücklich?

3. Trinken Sie, weil Sie sich in Gesellschaft von Leuten nicht wohl fühlen?

4. Trinken Sie so viel, daß Sie Ihrem Ruf schaden?

5. Haben Sie jemals ein schlechtes Gewissen gehabt, nachdem Sie getrunken haben?

6. Haben Sie wegen des Trinkens finanzielle Schwierigkeiten?

7. Sind Sie beim Trinken in schlechter Gesellschaft?

8. Vernachlässigen Sie das Wohl Ihrer Familie, wenn Sie trinken?

9. Haben Sie, seitdem Sie trinken, Ihren Ehrgeiz verloren?

10. Sind Sie zu bestimmten Tageszeiten von dem Wunsch zu trinken besessen?

11. Haben Sie frühmorgens das Bedürfnis, ein Glas zu trinken?

12. Haben Sie Schwierigkeiten zu schlafen, wenn Sie trinken?

13. Haben Ihre Fähigkeiten nachgelassen, seitdem Sie trinken?

14. Beeinträchtigt das Trinken Ihre Stellung oder Ihr Geschäft?

15. Trinken Sie, weil Sie sich langweilen oder Schwierigkeiten haben?

16. Trinken Sie allein?

17. Hatten Sie schon einmal einen Gedächtnisverlust, wenn Sie trinken?

18. Wurden Sie von Ihrem Arzt schon wegen Alkoholismus behandelt?

19. Trinken Sie, um Ihr Selbstvertrauen zu stärken?

20. Waren Sie wegen Alkoholismus schon einmal im Krankenhaus oder einer ähnlichen Institution?

Wenn Sie auf eine dieser Fragen mit ja geantwortet haben, besteht die Vermutung, daß Sie Alkoholiker sind; wenn Sie auf zwei dieser Fragen mit ja geantwortet haben, besteht der begründete Verdacht, daß Sie ein Alkoholiker sind; wenn Sie auf drei oder mehr dieser Fragen mit ja geantwortet haben, sind Sie eindeutig Alkoholiker.

«Kommen Sie, junger Mann, stellen Sie mir eine Frage», sagte der Vizekonsul. «Ich kann alle Fragen beantworten. Ich habe 20 von 20.»

«Wenn Sie trinken, haben Sie dann manchmal Lust, Ihren Feinden und oft auch Ihren Freunden den Schädel einzuschlagen, wünschen Sie dann die Sintflut und das Ende der Welt, den finalen Big Bang herbei, um mit allen

Übereinstimmung zu erzielen und endlich rauszukriegen, wieso und warum alles scheißegal ist?»

«Seitdem ich trinke, habe ich keine Feinde und keine Freunde mehr, und ich will von niemandem etwas.»

«Worüber beschweren Sie sich dann?»

«Ich habe ein Problem mit dem Trinken, *a drinking problem*. Außer wenn ich trinken kann. *Get a drink.* Hi.» Er zog die leeren Taschen seines weißen Smokings heraus.

«Soll ich Sie zu einem Gläschen einladen?»

«Hin, hi. Hon.»

Der verdammte Vizekonsul vertrocknete unter meinen Augen, verwelkte wie eine kranke große Dahlie.

«Haben Sie eine schöne dunkelhaarige und braungebrannte Frau vorbeikommen sehen, die keinen Hintern hat oder fast keinen?»

«Äh, ja, und sogar zwei, hi.» Er wand sich und lachte sich schief, ein Irrer, der über seinen Irrsinn lachte. «Mein Sohn hat mich mal gefragt, was ein Betrunkener sei. Ich sagte zu ihm, Sohn, siehst du die beiden Männer da vor uns, nun, ein Betrunkener sieht an ihrer Stelle vier, woraufhin mein Sohn sagte, aber Papa, da vor uns ist nur ein Mann. Haben Sie verstanden? Ich weiß nicht mal mehr, ob eins und eins vier ergibt, Schmach und Schande über mich, *shame on me*!»

Ich ließ den Vizekonsul sitzen, der vor Lachen und Ekel zu ersticken drohte. Ich hatte keine Lust, mich mit ihm zu besaufen.

Das war das große Mamounia. In diesem Dekor der dreißiger Jahre konnte man sich verlieren, vor allem nachts. Ich hatte den Eindruck, im Kreis zu gehen. Hinter mir hörte ich Schritte und Stimmengewirr, gutturale und heisere Stimmen, verhaltenes Gelächter und plötzlich von irgendwo fröhliche Raï-Musik. Als ich mich dem Eingang des Casinos näherte, meinte ich Samantha zu erspähen, in einem hautengen weißen Kleid. Sie schien mir zuzuzwinkern. Als sie mir den Rücken zudrehte, sah ich zwei schwache Konturen, zwei trübe Andeutungen von Schatten, die ein Hintern sein konnten. Diese Frau hatte alles, um zu gefallen, außer einem Hintern. Sie schien jemanden mit den Augen zu suchen, vielleicht mich. Als ich aus dem Schatten des Gebüschs heraustrat, zogen mich Hände zurück in den Dornenbusch. Ich fiel auf den Rücken, sah die bitteren orangenen Früchte einer Pomeranze und die Mondsichel in den Zweigen. Allerdings handelte es sich nicht um die Mondsichel, sondern um eine stark gekrümmte Messerklinge. Plötzlich waren vier oder fünf Gesichter über mir, vier oder fünf Münder mit spitzen weißen Zähnen. Wie mir schien, lächelnde Münder, aber nicht unbedingt freundlich lächelnd. Ich spürte Messerspitzen an meinem Bauch, an meinem Hals und unter dem Kinn. Und dann Hände, die abtasteten, befühlten, befummelten, begrabbelten und kitzelten. Sie suchten etwas. Sie wälzten mich im bläulich schimmernden Gras herum, spuckten auf mich herunter und versetzten meiner Schwarte einige Knüppelschläge. Derjenige, der ihr Anführer zu sein schien – ein kleiner Marokkaner mit einem glänzenden schmalen Schnurrbart, der ihn an Zorro erinnern ließ –, näherte sein Gesicht dem meinen und fragte mich, was der Vizekonsul mir gesagt habe, was ich gesagt habe und ob er mir etwas gegeben habe oder ob ich ihm etwas gegeben habe. Ich antwortete, daß ich keinen Vizekonsul kennen würde, woraufhin Zorro mich in seiner Muttersprache beschimpfte und mit seinen Handlangern im Dunkel verschwand. Ich lag ausgestreckt unter der Pomeranze, und Samantha kam zu mir. Sie war tatsächlich die Frau im weißen Kleid, und sie hatte sanfte Finger, trotz der schweren Ringe.

«Ich hab auf dich gewartet», sagte sie, «ich hatte Angst. Wir müssen weg von hier. Alles ist so schnell gegangen. Ich verstehe das nicht.»

«Was verstehst du nicht?»

«Ben und Günther. Sie sind doch tot, oder?»

«Wo ist Leo?»

«Wir werden zu ihm gehen. Komm. Wer hat dich überfallen?»

«Keine Ahnung, ein Typ, der wie Zorro aussah. Wohin bringst du mich?»

«Wir gehen zu Leo. Ich weiß, wo er ist.»

«Hat er Ben und Günther umgebracht?»

«Na klar.»

«Warum?»

«Wegen mir.»

Das haute mich um. Leo hatte zwei Typen umgelegt und Tschang in den Selbstmord getrieben. Und all das nur wegen Samantha, der Frau ohne Hintern? Gewiß, Samantha war auch der Marketingladen, sechzig Angestellte, Filialen, drei Appartements in Paris, ein Haus in Tourette-sur-Loup, ein weiteres in Hossegor und eine Art Hazienda in der Nähe von Ouarzazate, mitten in der Wüste. Diese Hazienda hatte Leo zum

Träumen gebracht. Und dorthin würden wir in dieser Nacht gehen, die fiebrige Samantha und ich, der völlig neben der Tasse war.

Mein Flugzeug

Vor dem Mamounia wartete eine Reihe Taxis. «Achtung, das nicht», sagte Samantha, als ich die Tür des ersten öffnen wollte, und stieß mich zum zweiten Taxi, einem Mercedes. Sie klopfte dem Fahrer auf die Schulter, der sofort losbrauste und eine dichte Staubwolke zurückließ. Wir verließen die Stadt und fuhren in der kühlen Nacht unter den Sternen dahin, bis wir eine Landebahn erreichten, die zu keinem sichtbaren Flugplatz zu gehören schien. Plötzlich sah ich im Scheinwerferlicht mein Flugzeug. Eine Polikarpov I-16, Typ 10, die dunkelgrün in der Nacht schimmerte. Wie ein Vogel, der ein ernstes und melancholisches Lied singt, ein Raubvogel, ein einfacher und kurzer kleiner Jäger, aus Holz und mit Flügeln aus Leinwand und Metall. Aber verdammt noch mal, was machte mein Flugzeug hier? Ich hatte Tränen in den Augen.

«Es gehört dir», sagte Samantha.

Ich mußte aufschluchzen. Tatsächlich, mein Flugzeug.

«Es kommt aus Spanien», fügte Samantha hinzu. «Leo hat es selber rübergeholt.»

Es kam aus Spanien. Vierhundertfünfundsechzig I-16er waren an die spanischen Republikaner geliefert worden, die ihre Gegner durch die Geschwindigkeit und Wendigkeit dieser Maschinen überraschten. Maschinengewehre mit tausendachthundert Schüssen pro Minute! Das mythische Flugzeug.

«Es gehört mir?» stammelte ich zwischen zwei

Schluckaufs. «Aber wieso, warum? Wer hat euch davon erzählt?»

«Leo hat sich erinnert. Leo erinnert sich an alles. Leo lebt sehr stark in der Vergangenheit. Er betete euch an, Tschang und dich. Er hätte alles getan, um euch wieder zusammenzubringen.»

«So etwas Ähnliches hat er mir auch erzählt. Aber ich verstehe das nicht. Wo ist Cheryl? Ist Cheryl hier? Hat sie bei dieser Überraschung mitgewirkt?»

«Vergiß diese Schnepfe», sagte Samantha trocken.

Ich stieg aus der alten Schleuder aus und streichelte mein Flugzeug. Es war echt, keine Sinnestäuschung. Der Taxifahrer stieg aus und bat mich, ihm zu helfen, eine Plane über das Flugzeug zu ziehen. Was ich tat. Dann stieg ich wieder ins Taxi, und wir fuhren weiter. Kurz vor der Morgendämmerung kamen wir auf der Hazienda an. Samantha war an mich gelehnt eingeschlafen. Ich war fix und fertig und hatte Lust auf ein wohltemperiertes Bier mit einem Gläschen Rum.

Rot

Die Hazienda sah aus wie eine kleine rote Festung inmitten einer Oase mitten in einer gesteinsreichen Wüste am Fuße eines steinigen Gebirges. Das Taxi mußte über feindselige Steine gefahren sein, denn ich hatte einen völlig zermanschten Rücken. Und zudem hatte ich das Gefühl, daß sämtliche Knochen Samanthas – denn sie hatte Knochen in großer Zahl und ein verdammtes Kreuzbein – sich wie Pfeile in meinen großen gemarterten Körper gebohrt hatten. In meinem Kopf wirbelten viele Dinge herum, Tschang und das Flugzeug, Ben und Günther, Leo und Samantha, Marrakesch, das Hotel, sein Schwimmbecken und sechzig französische Angestellte auf einem Gratiswochenendausflug. Ich fürchtete mich, aus dem Taxi auszusteigen und Leo wiederzusehen. Während der Fahrt hatte Samantha an mir geklebt, und ich hatte das Gefühl, ein Spielzeug zu sein. Ich war ein kleiner Plastiksoldat, Action Joe, ich konnte im Flugzeug zurückkehren, ich konnte Leos Hand schütteln, ich konnte mich mit Samantha zusammentun. Ich hatte Popcorn im Gehirn. Als Samantha die Augen öffnete, sagte ich nur, daß ich nach Hause zurückkehren wolle.

«Nach Hause? Aber du schläfst doch in Hotels! Das hier ist jetzt dein Zuhause.»

«Nein, verdammt. Ich glaube, ihr werdet sehr bald Ärger mit der marokkanischen Polizei bekommen und mit der französischen. Ich glaube, daß ihr beide euch sehr bald zerfleischen werdet, Leo und du, denn ihr seid zwei Raubvögel im selben Käfig. Ihr braucht mich nicht.»

«Brauchen, nein, vielleicht nicht, aber wir wollen dich, das ist gewiß. Ich bin scharf auf dich, und Leo will dich an seiner Seite haben. Leo hat Angst vor der Zeit, die verrinnt. Er will wieder an seine Vergangenheit anknüpfen, so wie er will, daß die Realität mit seinem Traum eins wird. Jeder hat einen Wunsch, und Leos Wunsch hat sich erfüllt. Man muß sich seinen Wunsch erfüllen. Lebe deinen Traum, *feel free*.»

«Ach so.»

Ich stieg aus dem Wagen aus und wandelte unter Palmen. Der Sand war rot, und die große Umfassungsmauer war rot, und der Himmel über dem Gebirge war zur Zeit auch rot. Am Ende der Allee war ein großes schmiedeeisernes Tor, und ich wollte kein Haus, ob es sich nun Hazienda, Festung, Wüstenhof oder Einfamilienhaus im

Grünen nannte. Ich hatte keine Lust, Leo zu sehen. Ich hockte mich unter einen Baum und senkte meinen Kopf, um ihn von unreinen Gedanken zu befreien.

Samantha trat zu mir und sagte, daß Cheryl herkommen würde, sobald man wisse, wo sie sei. Cheryl war irgendwie ein Geheimnis.

Leo erschien in der Toröffnung, barfuß, in einer Dschellaba und mit frischgeduschten Haaren. Er lächelte und breitete die Arme aus. Er hatte schöne weiße Zähne. Er war schön wie ein arabischer Prinz.

«Er ist schön wie ein arabischer Prinz», sagte Samantha.

«Alles gehört dir», sagte Leo mit singender Stimme. «Nimm. Nimm Samantha, nimm das Haus, das Flugzeug, das Auto, nimm mich, alles, was mir gehört, gehört auch dir. Es werden Mädchen kommen, die kleinen Bienen, die Günther ausgebildet hat. Sie gehören uns, dir. Wir sind Freunde des Königs, wir brauchen uns keine Sorgen zu machen. Alles gehört dir. Du bist mein Jugendfreund.»

«Scheiß auf die Jugend.»

Der Scheintod eines Scheinscheichs

Samantha war auf Leo zugelaufen und hatte ihr Gesichtchen in der Dschellaba verborgen.

«Man muß es verstehen zu leben», meinte Leo. «Das Leben leben, bevor man zu alt ist. Tschang hätte all das mit uns teilen können. Samantha hat dir ja dein Flugzeug gezeigt, ist es nicht genauso wie in deinen Träumen?»

«Scheiß auf das Flugzeug, Scheiß auf meine Träume und Scheiß auf Tschang. Dein Hürchen hat mir gesagt, ich soll mir meinen Wunsch erfüllen, aber im Moment hab ich keinen Wunsch, und falls doch, dann den, mich sauber zu fühlen, nach all diesen Stunden auf der Straße, der miesen Straße.»

«Hier gibt es alles, was du brauchst.»

«Ich sehe nichts, außer einem erbärmlichen Paar von modernen Abzockern. Ich sehe sehr gut, was geschehen ist. Du hast Tschang in Boulogne wiedererkannt, und du hast beschlossen, dich seiner zu bedienen. Du wolltest Ben und Günther schon lange loswerden, weil sie dich nicht mehr brauchten. Natürlich brauchten sie Samantha. Aber du, du bist kein Profi, du bist nur ein Genießer, ein kleiner Genießer, der in schikken Restaurants angibt und hier den großen Herrn spielt, obwohl er hier nicht mal zu Hause ist, obwohl er hier nur ein kleiner Usurpator ist. Du wolltest alles, was Ben hatte. Seine Beziehungen zum hiesigen Königshaus, seinen Besitz, sein Geschäft und auch das Geschäft von Günther, du wolltest ein Zuhälter sein, auch du. Ein Harter unter den Harten. Ein Scheich, ein Gangsterboß. Du wolltest, daß Tschang erst Günther und dann Ben tötet. Ich weiß nicht, ob Samantha damit einverstanden war, Ben umzulegen. Das ist eine Sache, die du vielleicht improvisiert hast. Du hast Ben getötet, weil du endlich deine Berufung gefunden hast. Denn es hat dir Spaß gemacht, Günther abzumurksen. Oder täusche ich mich?»

«Ganz richtig. Es hat mir irgendwie Spaß gemacht, sie umzulegen. Ich fand es ganz einfach. Jetzt verstehe ich, warum Auftragskiller nicht besser bezahlt werden. Es ist zum Beispiel viel einfacher, einen Menschen zu töten als ein Tier. Ich hab schon versucht, auf die Jagd zu gehen, aber es ist mir nie gelungen, auf das kleinste Kaninchen zu schießen, das mußt du dir mal vorstellen.»

«Wenn ich mir vorstelle ...»

«Ich könnte dich töten und Lust dabei empfinden. Ben und Günther waren auch Freunde.»

«Ich könnte dich auch töten. Ich würde dabei nicht mehr Lust empfinden, als wenn ich ein Steinchen aus meinem Schuh schüttele, aber ich könnte es tun.»

Ich zeigte mit zwei Fingern auf ihn und sagte, peng, du bist tot.

«Ich bin nicht tot», sagte Leo.

Ich drehte mich auf den Absätzen um und stieg wieder ins Auto.

«Laß ihn», meinte Samantha, «er ist ein Haufen Scheiße, er auch, all deine alten Freunde sind ein Haufen Scheiße.»

Leo sagte dem Fahrer einige Worte auf Arabisch und versicherte mir, daß ich in aller Ruhe nach Frankreich zurückkehren könne, daß ich nicht belästigt werden würde. Er sagte, hier würde man Scheißhaufen nicht beseitigen, sondern in der Sonne vertrocknen lassen. Der Wagen fuhr los und hinterließ eine rote Staubwolke.

Die einzige kleine nützliche Sache

Ich kam aus meiner Depression nicht heraus. Natürlich soff ich wie ein Loch. Ich zeigte mich nicht im Pied de Porc, und ich hatte Cheryl verloren. Sie war nicht zu Hause und hatte mir nirgendwo eine Nachricht hinterlassen. Ich konnte zwar zum Frisörsalon trotteln, aber der war wegen Renovierung geschlossen. Es war kurz vor Dezember, und es sollte wieder Weihnachten werden. Ich war verängstigt, unzufrieden und fühlte mich kotzübel. Ich konnte nicht mal einschlafen. Ich hatte das Gefühl, von einem Traum verfolgt zu werden, ohne zu wissen, ob dieser Traum wirklich ein Traum war. Ich wollte Marokko und alle ehemaligen Kolonien und Schutzgebiete vergessen, und vor allem die scheiß Marketingläden und meine alten Freunde Leo und Tschang. Ich war abgetaucht und schlich an den Hauswänden entlang, da ich nicht wußte, ob ich wegen der Morde an Günther und Ben gesucht wurde. Ich wußte nicht mehr, wer Ben und Günther gewesen waren und ob sie überhaupt so hießen. Aus Marokko hatte ich ausreisen können, ohne belästigt zu werden. Leo hatte sein Versprechen gehalten und ich das meine: Ich war ein Haufen Scheiße. Dann streikten die Beamten und vor allem die Eisenbahner. Die Streiks dauerten einen guten Teil des Dezembers 95. Ich mied tatsächlich das Pied de Porc, den Schweinsfuß und Gérard und seine Kundschaft. Auch hatte ich die Schnauze voll, mir vor dem Frisörsalon die Beine in den Bauch zu stehen, wo die Umbauarbeiten wegen der Streiks im Transportwesen nicht vorankamen. Ich pilgerte durch die Stadt, wollte Leo vergessen, und meine Schritte führten mich zur Place Marcel-Sembat. Bei der Geschichte mit Leo Spitz hatte ich außer den Fünfzigtausend nichts gewonnen, und die schmolzen schnell in der Sonne dahin, falls sie denn mal schien, oder sie lösten sich im Alkohol auf. Ich spürte den kalten Luftzug an meinen Ohren und pflanzte mich an der Tür der Bäckerei auf, an einem der Metroausgänge der Station Marcel-Sembat. Und ich wartete ab, bis ich wieder zu Tschang wurde. Von Milarepa hatte ich alles vergessen, außer diesem kleinen traurigen Satz: *«Unser Haar, einst mit Gold und Türkis geschmückt, wird hart, struppig und ist von Läusen verseucht.»* Ich brauchte nur einen Tag, um zu Tschang zu werden. Ich begriff nun, daß die einzige Sache, die mir fehlte und die zweifellos die einzig nützliche war, der Hund war, dieser verdammte Köter. Er war bestimmt irgendwo, dieser Hund von Tschang. Sie verstehen, nicht wahr, das war die einzige Sache, die Sinn machte, Tschangs Hund wiederzufinden, den er bei seinem großen Aufbruch, an seinem großen Abend, bei seinem Selbstmord vergessen hatte. Ich mußte eine genaue Untersuchung durchführen. Und dieses Mal würde ich mich nicht bezahlen lassen, bezahlen von Samanthas ohne Hintern und Leos mit Biberkragen, von Günthers, die wie Esel bestückt waren, und von dieser ganzen Bande von patentierten Lügnern, die dafür lebten, allem, was lebte, einen Sinn zu geben, selbst den toten Dingen. Ich schnüffelte im Umkreis von Marcel-Sembat herum, an der Porte de Sainte-Cloud, in Île Saint-Germain, und fand tatsächlich den Hund. Ich war nicht 100 %ig sicher, aber fast. Ehemalige Kumpel von Tschang sagten mir, daß es wirklich Tschangs Hund sei, den ich unter Tschangs Baum gefunden hatte, unter dem Baum, an den Tschang immer gepißt hatte; andere wiederum sagten, nein, das sei ein anderer Baum und ein anderer Hund. Sie zerissen sich also das Maul, und der Hund wurde zum Streitobjekt. Ich wurde nicht zum Kumpel der Clochards und der anderen Obdachlosen. Ich konnte nicht einmal so richtig Mitleid empfinden. Diese armen Schweine deprimierten mich nur noch mehr. Sie schütteten sich mit billigem Fusel zu und konnten sich untereinander größtenteils nicht leiden. Ich war gnadenlos. Ich spendierte ihnen keine Runde und gab ihnen nicht einen roten Heller. Ich hätte ihnen nicht die Füße gewaschen. Das einzige, wofür ich ihnen dankbar war, war, daß sie mich dazu gebracht hatten, Tschang zu vergessen. Ihr Dreck und ihr Weingestank hatten seinen Geruch weggewischt. Im Vergleich zu ihrer Agonie erschien mir der gewaltsame Tod als ein wünschenswertes Schicksal. Ich hatte nichts gegen einen kleinen Absturz. Wer niemals abgestürzt war, konnte nichts begreifen. Aber das Wichtigste ist nicht, abzustürzen, sondern sich wieder aufzurappeln. Nun sah ich, daß diese kleine Welt nicht darauf aus war, den Kopf oder den Schwanz wieder hochzukriegen. Für sie war alles gelaufen, oder fast gelaufen. Sie hatten vom Alkohol zerfressene Gehirnzellen und abgestorbene Gehirnströme. Alle Kreisläufe im Arsch. Sie zitterten. Ich sagte mir einfach, daß es Tschangs Hund war, den ich wiedergefunden hatte, im Angedenken an Tschang, aus reiner Treue. Die einzige kleine nützliche Sache.

Aber ich wußte nicht, was ich mit diesem Hund anfangen sollte. Ich schlief im Hotel, Cheryl war nicht da, und sie hätte diesen Hund eines Penners nicht in ihrem frisch gestylten Frisörsalon haben wollen. Dieser Hund war kein Schmusetier. Ich hatte kein Auto, in dem ich ihn nachts hätte schlafen lassen können, ich hatte keine Lust, ihn dem Schweinsfuß à la Sainte-Scolasse zu überantworten. Dieser Hund war kein Kneipenhund. Vielleicht ein Säuferhund, aber kein Wachhund, der hinter einer Theke vor sich hin döste. Somit zog ich mit ihm an der Leine durch die Gegend, und als ich ihm beibringen wollte, ohne Leine und allein zu laufen, ging er, ohne etwas von sich zu geben, über die Straße und wurde von einem Kaufhaus-LKW überfahren. Das Blut des Hundes explodierte in meinem Kopf, so wie ich davon geträumt hatte, die Köpfe von Leo Spitz und seiner Mätresse explodieren zu lassen. Ich blieb lange auf dem Gehweg stehen, mit der Leine und dem Halshand in der Hand, die auf den Boden hingen, und ich beschloß, ein

Zimmer im Hotel Zur Königin Rosa zu nehmen und meinem Leben ein Ende zu machen. Es gibt immer einen Moment im Leben, in dem man noch schlechter drauf ist als in einem anderen, und dies war genau so ein Tag.

Der Tag meines Selbstmords

Ich ging zur Bank und hob mein Restguthaben ab. Ich hatte mein Wertpapierdepot nie angerührt. Ich hatte gedacht, daß ich nie vierzig werden würde, und so war es. Es gab keinen Grund dafür. Andere starben an Aids, im Krieg, im Auto, an Krebs, am Dope, am Alkohol, am Elend, brachten sich um, wurden verrückt oder bettlägerig, knallten durch oder verblödeten, regredierten, wurden schwachsinnig, verkalkten, wurden zu Nullen und lebenden Toten, ich wollte den Tod treffen, der eine große schweigende Mehrheit ist. An diesem Selbstmord gab es nichts Tragisches oder Verzweifeltes. Ich hatte einfach die Schnauze voll. Ich ging zum Hotel der Königin Rosa, nahm mir ein Zimmer, und die Besitzerin, eine schöne, geistvolle Frau, sah mich von unten an, als ob sie mich kennen würde. Ich heiße Rosa, sagte sie, erkennen Sie mich nicht wieder? Sie sind vor den Feiertagen hier gewesen, das muß vor den Streiks gewesen sein, im November, wegen Ihres Freundes. Sie machte eine Bewegung mit dem Kinn und deutete auf ein Zimmer hin, das Zimmer des Dramas, dort, wo Tschang, Sie wissen schon … Ich sagte, ich erkenne Sie wieder, ich weiß, wer Sie sind, und sie ging nach oben voran, und ich bestand darauf, dasselbe Zimmer wie Tschang zu bekommen, ich war völlig entspannt, es kam mir vor, als ob ich jemand sei, der am Abend nach Hause kommt und einen schönen, gemütlichen Abend vor dem Fernseher verbringen würde. Die Besitzerin fragte mich, ob sie ein wenig bei mir bleiben solle, einfach um sich ein wenig zu unterhalten, all dieses, ich streichelte mit dem Handrücken ihre Wange, mein Blick voll der Melancholie eines keusch und fromm gewordenen ehemaligen Liebhabers. Und ich erklärte ihr, daß ich gern ein oder zwei Huren kommen lassen würde und Champagner! Sie riet mir, keine Dummheiten zu machen, und mir fiel auf, daß ich weder Kugeln noch eine Knarre hatte. Der einzig vorstellbare Selbstmord schien mir zu sein, mir eine Kugel durch den Kopf zu schießen.

Ich wußte, wo ich mir unauffällig eine Waffe und Munition beschaffen konnte, ohne meine engsten Freunde, wie zum Beispiel Pedro, belästigen zu müssen. Ich wollte von Pedro nichts mehr wissen. Irgend etwas in mir war zerbrochen. Ich rief einen gewissen Racaille an, der mir ein Treffen in einer Bar beim Odéon vorschlug. Ich hatte Racaille an einem Abend kennengelernt, an dem drei Schläger mit glattrasiertem Schädel ihn vermöbeln wollten, weil er ein Schwarzer war und sie als Arschlöcher bezeichnet hatte. Ich hatte die drei Schwachköpfe buchstäblich mit nackten Händen verdroschen. Verdammt, das war lange her. Racaille dealte ein wenig mit allem. Auch mit Waffen. Odéon war zwar nicht sein Revier, aber er mochte es wegen der Studentinnen. Das war seine fixe Idee, diese Studentinnen. Er träumte von weißen Söckchen und Kleinmädchenschlüpfern. Er verwechselte Studentinnen mit den Schülerinnen vom Couvent des Oiseaux. Ich nahm die Metro Boulogne-Jean-Jaurès und stieg beim Odéon aus. Da ich etwas zu früh dran war, ging ich zur Amerika-und-Orient-Buchhandlung von Adrien Maisonneuve, J. Maisonneuve Nachfolger, und kaufte mir ein neues Exemplar von Milarepa oder Jetsun-Kahbum. Ich mußte an das Zimmer im Hotel Zur Königin Rosa und an die Besitzerin mit ihrer Schweinsnase denken.

Mitterrand ist tot

Ich hatte mich genug für Tschang abgequält, ich konnte meine eigene Grabrede hören, Pulp schlägt sich an die Brust, und weiter geht's, Schätzchen, willkommen in der Hölle. Was sagte mir Milarepa an diesem Januartag? Ich schlug das Buch an irgendeiner Stelle auf.

«O Herr, als du die Zeichen Deines wunderbaren Siddhi zeigtest,

Warst du mit einem Löwen oder einem Elefanten gleich,

Ein Yogi ohne Furcht und Tadel,

Dir, der du von jeder Furcht frei bist, widmen wir dieses Gebet:

Gewähre uns das Chaitya, das die Dakinis in ihren Händen halten,

Also uns, Deinen Schischyas und Deinen Nachfolgern auf Erden.»

Ich sagte mir, daß ich von dieser verdammten Scheiße in diesem beschissenen Büchlein niemals in meinem Leben auch nur die geringste Spur verstehen würde. Selbst dann nicht, wenn ich den Rest meiner Tage damit verbringen würde und man mir jedes Wort einzeln erklärte. Und dennoch verstand ich dieses beschissene kleine Buch immer noch besser als meine beschissene Existenz. Ich hatte gleichzeitig Lust zu heulen und zu lachen, in etwa so wie Gargantua bei der Geburt von Pantagruel, dem eine schwangere Frau wegstirbt und der einen dicken, fröhlichen Sohn gewinnt. Ich warf das Buch so weit weg, wie ich nur konnte, und zwar in Richtung der Kirche Saint-Sulpice, und das Buch fiel auf den Kopf von Racaille. Er zog eine Knarre aus der Manteltasche und zielte auf mich.

Racaille drückte zwar nicht ab, aber die Tauben und die Passanten der Straße machten sich dezent aus dem Staub. Racaille zog mich an sein vertrocknetes Herz.

«Ich hab deine Kanone, aber ich hab auch peruanischen Stoff, der dich echt verrückt machen wird.»

«Danke», sagte ich, «ich bin schon verrückt, ich hatte den Eindruck, da rauszukommen, aber ich habe einen miesen Herbst hinter mir, von Weihnachten hab ich nichts mitgekriegt, und ich hoffe, daß der Winter mild und gnädig wird. Ich stecke immer noch in der Scheiße. Ich verstehe den Sinn des Lebens nicht. Das Problem ist ja nicht, ein gutes oder schlechtes Gewissen zu haben, sondern überhaupt etwas zu wissen, oder?»

«Idiot, die Wissenschaft, verstehst du, du Depp, die Wissenschaft ist idiotisch, ihr Schlauköpfe und Faselhanseln, ihr wißt alles, und ihr seid Idioten. Verstehst du, Pulp, du fickst nicht genug, das ist der wahre Grund der Dinge, ich weiß nicht, wo deine Tussi rumhängt, aber geh zu ihr und entlade dich. Ich seh schon, du bist voller Eiter, voll von schlechten *vibrations*, eine totale Infektion. Los, zahl deinen Schuß. Haste schon gehört, Mitterrand ist tot.»

«Ach nee?»

Es war gut, daß ich mir nicht die Rübe weggeblasen hatte, weil niemand meiner gedacht hätte. Denn plötzlich wollte ich, daß jemand an mich dachte.

«Hast du vielleicht Bock, einen Schweinsfuß zu essen?»

«Ich esse kein Schwein.»

«Einen Schweinsfuß brauchst du nicht richtig zu essen, du mußt nur die Knochen ablutschen.»

«Versuch bloß nicht, mich dazu zu bringen, ein Schwein abzulutschen. Willst du die Knarre nun haben? Ich will sie nicht. Also schnapp sie dir, und geh deine dreckigen Schweine lutschen.»

Nur die Wahrheit ist revolutionär

Gérard stand im Pied de Porc à la Sainte-Scolasse hinter der Theke und unterhielt sich mit einem kleinen Glatzkopf in einem grauen Überzieher. Er sah mich über den Schädel seines Gastes hinweg eintreten, riß die Augen sperrangelweit auf und goß eine ganze Flasche Rotwein in ein 0,1-Liter-Glas, so daß der kleine Glatzkopf von kleinen Bordeauxbächen umgeben war.

«Ein Phantom!»

«Ein Bier», stieß ich mit zugeschnürter Kehle hervor.

«Und er spricht! Er spricht mit uns! Monsieur spricht mit uns! Monsieur gibt keinerlei Lebenszeichen, schickt keine Postkarten, keine Weihnachts- und Neujahrsgrüße und kommt einfach so herein, hallo, Leute, wie geht's. Hat der Tod von Tarzan dich aus dem Wald getrieben?»

Ich warf einen bewegten Blick auf die aberwitzige Einrichtung. Es war, als ob ich zu meinen Vettern im Poitou zurückkehren würde, häßlich, bescheuert, nur das Notwendigste, und vor allem im Winter wärmer als ein Thermoprenanzug. In dieser Spelunke mit dicken orangenen Lampen, gemusterten Tapeten und dem riesig vergrößerten Foto des Rathauses von Sainte-Scolasse war mein Platz, mein Tisch und mein Gedeck, und dort waren in gewissem Maße auch meine Freunde. Vor Tschangs Tod war ich jeden Morgen dorthin gegangen, und wenn ich aus geschäftlichen oder anderen Gründen fort mußte, hatte ich immer daran gedacht, eine Postkarte zu schicken. Und wenn ich zurückkehrte, hieß es immer, sieh da, der gute Pulp ist wieder da. Vlad, der Kellner, führte Léon aus, den Kneipenhund, oder vielmehr Léon führte Vlad aus, und ich dachte, daß Léon sich niemals übermangeln lassen würde wie der Hund von Tschang und daß Vlad niemals wie Tschang enden würde. Ich wußte nicht mehr, ob ich Vlad, Gérard oder Léon nahestand oder eher Tschang. Ich hatte den Eindruck, immer noch schwach auf den Beinen zu sein, von weit her zurückzukommen, von sehr weit her, ein schlechter Traum, der nur schwer zu erzählen ist, ein wenig zerfasert und klebrig, wie diese Dinger in der Geisterbahn. Ich hatte den Eindruck, mir wieder näherzukommen, an die Oberfläche zurückzukehren, wieder in den Hafen einzulaufen, wieder zu Atem zu kommen.

«Kommt dieses Bier nun oder nicht», sagte ich mit grimmiger Stimme.

Maria, die Frau für Gérard, wie man hier sagte, kam aus der Küche und zog mich an sich und an ihre Schürze. Sie richtete meine Hosenträger und zog mich an den Ohren und sagte lächelnd zu Gérard, Gabriel ist wieder da, und ging in ihre Küche zurück. Und dann sagten alle oder niemand nichts mehr, und ich fühlte mich völlig bescheuert.

Gérard kratzte sich am Kinn und fragte mich nach Neuigkeiten von Cheryl. Ich antwortete, daß ich gerade nach ihr fragen wollte. Niemand wußte etwas von Cheryl, und so nahm ich mir den *Parisien* von der Theke und hockte mich an meinen Stammplatz. In der Zeitung war nicht von Cheryl die Rede, und damit war dieses Thema vorerst abgehakt. Dagegen kam man wieder auf die Morde an den beiden Leitern einer französischen Marketingagentur zurück, die im November zu einem Seminar nach Marokko gefahren waren. Man suchte gegenwärtig Leo Spitz, einen weiteren Direktor der Agentur, und die Direktorin Samantha Delarge. Beide waren verschwunden, nachdem ihr Besitztum in einer Oase in der Nähe von Ouarzazate abgebrannt war. Ich nahm den Kopf in die Hände, ich trank einen großen Schluck, und ich sagte mir, daß ich in der großen Konfusion oder vielmehr Kontusion der Welt steckte, ganz wie man will, aber ohne etwas zu begreifen, ohne etwas entscheiden zu können, mitten im Winter, Mitterand war tot, und er hatte immer gelogen, und die Wahrheit, die einzige Wahrheit ist revolutionär.

Ich lebte weiter, im Leerlauf. Ich hatte den Eindruck, den toten Mann zu machen, während ich darauf wartete, schwimmen zu lernen.

Kein Hintern. Schade

Später … Es gab immer noch keine Blätter an den zurechtgestutzten Bäumen, die nackt und schwarz die Pariser Avenuen säumten. Ich wußte, daß Cheryl ihren Frisörsalon und die Fensterläden ihrer darüberliegenden Wohnung wieder geöffnet hatte, aber ich hatte noch nicht versucht, sie wiederzusehen. Ich hatte das Gefühl, auf dem Weg der Genesung zu sein. Sie schien mir noch die Grippe zu haben. Ich wartete auf einen definitiven Frühling, eine wirkliche Wiedergeburt, ein Aufsteigen der Säfte.

Eines morgens, als ich mir die Zeitung von der

Theke nehmen wollte, reichte Gérard mir das Telefon, für dich.

«Ja, hallo?» sagte ich.

Es war die Besitzerin des Hotels Königin Rosa in Boulogne, die Frau mit der Schweineschnauze. Sie bat mich, sofort herzukommen. Ich hörte Schreie und Lärm im Hintergrund, und die Leitung wurde unterbrochen. Ich trank den Kaffee, den Maria mir gereicht hatte, in der Eingangstür und eilte mit einem Taxi nach Boulogne. Es dauerte fast eine Dreiviertelstunde, bis ich ankam. Vor dem Hotel standen ein Polizei- und ein Rettungswagen mit Wiederbelebungsgerätschaften.

Ich mußte mich durch die Masse der Schaulustigen drängen, aber die Polizisten hinderten mich daran einzutreten. Die Besitzerin zeigte auf mich und sprach einen jungen Typen an, der Inspektor oder Kommissar sein mußte und den Befehl gab, mich durchzulassen.

Es gab ein großes Durcheinander auf der Treppe und das Geräusch von schweren Stiefeln. Die Sanitäter kamen mit hängenden Schultern und grimmigen Mienen wieder herunter.

Und hinter ihnen stiegen Krankenträger mit zwei Bodybags herab, die Körper enthielten. Bevor sie sich anschickten, die vor dem Hotel stehende Masse zu durchqueren, blieben sie kurz in unserer Nähe in der Halle stehen.

«Warum haben Sie mich kommen lassen?», fragte ich die Besitzerin. «Was mich betrifft, so reicht es, ich habe meinen Teil schon getan.»

«Sagt Ihnen das nichts?» fragte der Polizist und zog den einen Reißverschluß auf, dann den anderen und ließ die Gesichter von Samantha und Leo zum Vorschein kommen.

«Nein, nichts.»

Der Polizist verpackte seine Leichen wieder und gab den Trägern ein Zeichen, all das in den Wagen zu bringen.

«Was ist geschehen?» fragte ich die Besitzerin mit der Schweineschnauze.

«Sie sind gestern abend angekommen und haben das Zimmer genommen, das Sie kennen. Sie haben darauf bestanden, genau dieses zu bekommen, und das hat mich nervös gemacht. Sie machten einen sehr verliebten Eindruck, und gleichzeitig waren sie nicht fröhlich. Sie bestellten nichts. Heute morgen, so gegen acht Uhr, kurz bevor ich Sie angerufen habe, hörte ich kurz hintereinander zwei Schüsse. Wissen Sie, warum? Sie, der Sie so tun, als ob Sie alles wüßten? Kennen Sie sie wirklich nicht?»

«Ich will sie nicht gekannt haben. Ich glaube, daß jemand, der zu töten beginnt, sich nach und nach selber tötet. Für ein Paar ist das noch schlimmer. Anstatt Kinder zu haben, haben sie Leichen. Und diese beiden da hatten den Kopf verloren und alles andere auch. Haben sie sich im Tod umschlungen gehalten?»

«Nein, sie drehten sich den Rücken zu. Sie lagen auf den Laken.»

«Um so besser. Haben Sie vielleicht den Hintern der Frau gesehen?»

«Nein.»

«Kein Hintern. Schade.»

Komm, Poupoule

Schließlich habe ich Cheryl getroffen. Ich hatte sie angerufen, und sie hat gesagt, ja, wir können uns treffen. Aber nicht heute abend, auch nicht morgen, nicht zum Mittagessen und auch nicht am Wochenende. Wir haben etwas Zeit verstreichen lassen, dann hat sie mich angerufen, und als sie sich mir und ich mich ihr näherte, haben wir uns schließlich wiedergefunden, und es war bereits Frühling. Ich hatte noch nicht die Veränderungen in ihrem Salon oder ihrer Wohnung gesehen, aber sie, sie hatte ihre Frisur und ihr Outfit geändert, sie sah frühlingshaft aus. Wir sind zu den Kais hinter Notre-Dame gegangen, damit Notre-Dame uns nicht sah.

«So wie du aussiehst», sagte ich, «erinnerst du mich an jemanden, den ich nicht gekannt habe.»

«Ich hab den Eindruck, daß du noch größer als früher bist. Zeig mal deine Arme.»

Ich streckte meine Arme aus, wie Herr Kitzel aus dem Kinderbuch, und spielte den Idioten, um ihr eine Freude zu machen. Ich sang *Viens poupoule*, und sie trällerte das *Klagelied des Pulps in der Sahara*. Später fragte ich sie, was sie von Milarepa hielt, falls sie das Buch gelesen habe. Sie antwortete, das sei doch Schwachsinn. In einem Frisörsalon gebe es Zeitschriften, Magazine und Kreuzworträtsel, aber keine Bücher.

«Gabriel, es gibt überall viel zuviel Durcheinander. Du mußt klar bleiben, du mußt stark bleiben. Ich habe nichts von dem verstanden, was passiert ist. Ich wollte dich nicht mehr sehen, du warst nicht mehr du selbst. Gérard, Maria, Vlad und die anderen haben auch nichts verstanden. Du hast mir angst gemacht.»

«Ich habe einen Freund verloren, Tschang, und ich habe mich verloren, und so habe ich auch dich verloren. Das ist einfach. Keiner kann jemanden retten. Aber wir leben, Cheryl, und die anderen sind tot, und wir haben niemanden getötet. Und es wird wieder Frühling.»

«Du bist mein Held. Ein bißchen bescheuert, ein

bißchen versponnen, ein bißchen überdreht, aber trotzdem mein Held. Ein seltsamer Held, der sich nicht mal kämmen kann. Ich glaub, ich muß dir ein bißchen die Haare machen, ich werde dich wieder an die Hand nehmen.»

«Spotte nur.»

«Du brauchst dich nicht zu schämen.»

«Ich war beschämt und hatte ein schlechtes Gewissen, als Tschang starb. Er hat mich getötet. Heute empfinde ich ein gewisses Mitleid, gegenüber anderen und gegenüber mir selbst. Ich glaube, wenn man die Welt nicht mit den Augen eines Armen sieht, sieht man gar nichts. Ich habe niemandem Lehren zu erteilen, ich mische mich in nichts mehr ein.»

In diesem Moment begannen sich zwei Gören direkt vor unseren Augen zu prügeln. Also habe ich Cheryl losgelassen, mir den einen geschnappt und dem anderen einen Klaps gegeben, ganz fröhlich, ohne Bosheit, und als Höhepunkt schlug ich den beiden lange und lehrreiche Passagen aus der erbaulichen Hagiographie von Jetsun Milarepa, tibetanischer Mönch im 11. Jahrhundert nach Jesus Christus und vor Pulp, um die Ohren.

Glossar

Antoine Blondin (1922–1991) – Sportjournalist und Schriftsteller, Mitglied der Schriftstellergruppe der «Husaren», die in den 50er Jahren Front gegen die von Jean-Paul Sartre vertretene Richtung machte.

Abbé Pierre – eigentlich Henri Grouès (geb. 1912 in Lyon), französischer Kapuziner, der 1949 die Emmaus-Gemeinschaft gründete, die sich um Unterkünfte für Obdachlose bemüht und sich durch Handel mit gebrauchten Möbeln und Kleidern finanziert.

Jules Joseph Bonnot (1876–1912) – Leiter einer Anarchistengruppe, die durch mehrere Banküberfälle berühmt wurde. Er wurde bei seiner Festnahme erschossen.

Georges Darien (d. i. Georges Adrien, 1862–1921) – anarchistischer Schriftsteller. 1900 schrieb er in London das Pamphlet *La belle France*, in dem es heißt: «Ich wage nicht zu sagen: Es lebe das Frankreich von morgen! Ich halte lediglich an dem Slogan fest: Nieder mit dem Frankreich von heute.» Bekannt durch seinen Roman *Der Dieb*, den Louis Malle mit Belmondo verfilmte.

Raymond Grandjean – französischer Schriftsteller.

Malko – Held einer Krimireihe. Prinz Malko Linge, ein österreichischer Adliger, übernimmt im Sinne der *political correctness* von Zeit zu Zeit gefährliche Missionen für die CIA, um Reparaturen an seinem Schloß vornehmen zu können. Diese unter dem Autorennamen Gérard de Villiers veröffentlichte Reihe war einer der Anlässe, als eine Art Gegenstück den «linken» Krimihelden Pulp zu schaffen.

Milarepa – auch Milaraspa (1040–1123), Mitglied der *Bka'-brgyud-pa*-Sekte, die auf den indischen Meister Tilopa zurückgeht, welcher seine Lehre an den indischen Yogi Naropa übermittelte, den Meister von Marpa, der wiederum der Meister von Milarepa war, einem der größten tibetanischen Asketen und Dichter, dessen Verse als schwerverständlich gelten.

Herr Kitzel - Titel eines Bilderbuches für Kinder von Roger Hargreaves (*Mr. Tickle,* London 1971. In Frankreich als *Monsieur Chatouille,* in Deutschland nicht erschienen). Herr Kitzel zeichnet sich durch seine langen Arme aus, die ihn mit Pulp in Verbindung bringen.

Nadine Mouque – (mouké, arab. Frau) Titel eines anderen Buches von Hervé Prudon.

POUM – anarcho-syndikalistische Organisation im Spanischen Bürgerkrieg.

Superdupont – eine französische Comicgestalt, in der der typische Franzose beschrieben wird.

WUNDERLICH
TASCHENBUCH

0 Im Juli 26203-7 Im September. 26204-5

Akte X. Die unheimlichen Fälle des FBI als Wunderlich Taschenbuch.

ir wünschen gute Unterhaltung!

5054/1

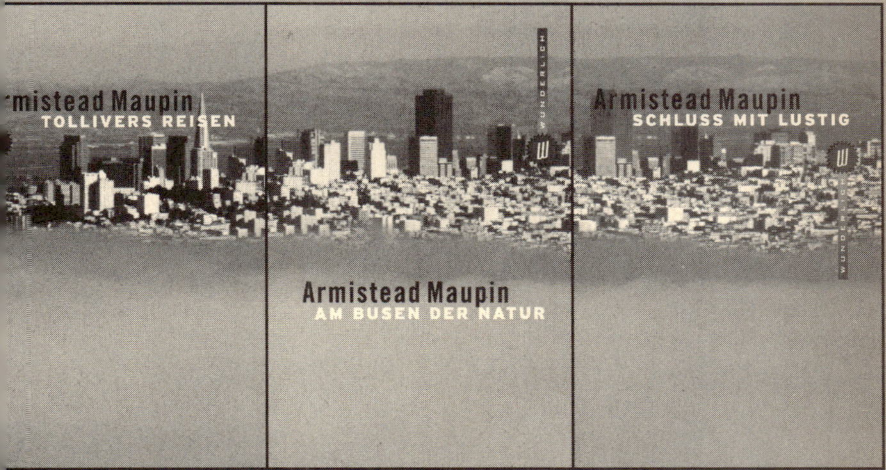

rmistead Maupin

Stadtgeschichten
26181-2 DM 10,–/öS 73,–/sFr 10,–

Mehr Stadtgeschichten
26182-0 DM 10,–/öS 73,–/sFr 10,–

Noch mehr Stadtgeschichten
26183-9 DM 10,–/öS 73,–/sFr 10,–

Tollivers Reisen
26184-7 DM 10,–/öS 73,–/sFr 10,–

Am Busen der Natur
26185-5 DM 10,–/öS 73,–/sFr 10,–

Schluß mit lustig
26186-3 DM 10,–/öS 73,–/sFr 10,–

WUNDERLICH TASCHENBUCH

5052/1